DIÁLOGOS SOBRE ORÍGENES, ESTRUCTURA Y CAMBIOS
CONSTITUCIONALES EN PAÍSES FEDERALES

Publicaciones disponibles
COLECCIÓN DE LIBROS
Constitutional Origins, Structure, and Change in Federal Countries (2005), Volume 1
Distribution of Powers and Responsibilities in Federal Countries (2006), Volume 2
Legislative, Executive and Judicial Governance in Federal Countries (2006), Volume 3
COLECCIÓN DE CUADERNOS
*Diálogos sobre orígenes, estructura y cambio constitucionales
en países federales* (2007), Volume 1
*Diálogos sobre distribución de facultades y responsabilidades
en países federales* (2007), Volume 2
*Diálogos sobre gobernabilidad legislativa, ejecutiva y judicial
en países federales* (2007), Volume 3
*Diálogos sobre la práctica del federalismo fiscal:
perspectivas comparativas* (2007), Volume 4
Diálogos sobre las relaciones exteriores en países federales (2007), Volume 5

Algunas publicaciones del Diálogo global están disponibles en otros idiomas
como alemán, árabe, español y francés. Para mayor información sobre las exis-
tencias, visite www.forumfed.org.

Un diálogo global sobre el federalismo
Colección de cuadernos
Volumen 1

DIÁLOGOS SOBRE ORÍGENES, ESTRUCTURA Y CAMBIOS CONSTITUCIONALES EN PAÍSES FEDERALES

COMPILADORES:
RAOUL BLINDENBACHER /
ABIGAIL OSTIEN

Traducido por Armando Robles / Yolanda Morayta / Gonzalo Celorio Morayta, Celorio Morayta, servicios especializados de idiomas

Una publicación de

Foro de Federaciones

y

iacfs
INTERNATIONAL ASSOCIATION OF
CENTERS FOR FEDERAL STUDIES

© Forum of Federations, 2007
ISBN: 978-0-7735-3313-4

Esta publicación fue posible gracias al generoso apoyo financiero del Gobierno de Canadá y la Agencia Suiza para el Desarrollo y la Cooperación.

Library and Archives Canada Cataloguing in Publication

Diálogos sobre origenes, estructura y cambios constitucionales en países federales / compiladores, Raoul Blindenbacher y Abigail Ostien ; traducido por CM Idiomas.

(Diálogo global sobre el federalismo : colección de cuadernos ; v. 1)
Translation of: Dialogues on constitutional origins, structure, and change in federal countries.
ISBN 978-0-7735-3313-4

     1. Constitutions. 2. Federal government. I. Blindenbacher, Raoul II. Ostien, Abigail, 1971- III. Forum of Federations IV. International Association of Centers for Federal Studies V. CM Idiomas VI. Series.

JC355.D52318 2007   342.02   C2007-901632-4

Impreso y encuadernado en Canadá por Imprimerie Gauvin.

Índice

Prefacio

Este cuaderno examina el origen, la estructura y los cambios de las constituciones federales y presenta una serie de animados diálogos que tuvieron lugar en Australia, Bélgica, Brasil, Canadá, Alemania, India, México, Nigeria, Rusia, Sudáfrica, Suiza y Estados Unidos. Los participantes en las actividades del diálogo, tanto los que se desempeñan en el terreno de la práctica como quienes lo hacen en el ámbito académico, son expertos constitucionalistas en sus respectivos países y, en conjunto, aportan una variedad de puntos de vista.

El contenido de estos breves artículos ofrece al lector una apretada sinopsis de la historia y de los retos que enfrentan actualmente las constituciones de los países que aquí se analizan. Lo expresado por los autores es un reflejo de su interpretación del problema y de las reflexiones que surgieron durante las actividades del diálogo. Entre las preguntas exploradas en los diálogos se encuentran: ¿Cuál es el grado de éxito que en términos generales ha logrado la Constitución, incluyendo la capacidad de adaptación ante circunstancias cambiantes? ¿La Constitución fue creada mediante un proceso popular o uno de élite? ¿Fue el resultado de una visión o de una serie de negociaciones? ¿Cómo afectó la composición homogénea o heterogénea de la población el proceso de redacción constitucional? ¿Cuáles eran las principales aspiraciones al momento de concebir la Constitución? Los artículos presentan una variedad de temas de actualidad, entre ellos: derechos y republicanismo; desigualdad regional y social; reforma electoral, parlamentaria y senatorial, y espacio que se le concede a la diversidad de lengua, cultura, religión y valores. Cada una de las constituciones nacionales presentadas enfrenta desafíos; algunos, compartidos y otros, únicos.

El cuaderno – primero de una colección – es fruto del programa del Foro de Federaciones y la Asociación Internacional de Centros para Estudios Federales (IACFS) llamado *Un diálogo global sobre el federalismo*. El Programa de diálogo global se ocupa de la publicación de una colección de cuadernos, con sus respectivos libros, sobre distintos temas de gobernanza federal.

El cuaderno abre con una breve presentación de la estructura del Programa de diálogo global, seguida de una sección de artículos sobre cada país titulada "reflexiones sobre el diálogo". Concluye con un capítulo que resume las coincidencias y diferencias entre los países presentados. Su estilo, su brevedad y los elementos adicionales – como el glosario y la línea del tiempo – contribuyen a que esta publicación sea accesible y sirva de punto de partida para el libro correspondiente sobre el tema. Nuestra intención ha sido que los artículos aquí ofrecidos le "abran el apetito" con respecto al Volumen I del libro *Orígenes, estructura y cambios constitucionales en países federales,* donde los mismos autores exploran el tema con mucho mayor detalle.

Con la colección *Diálogo global sobre el federalismo,* se da continuidad a la tradición de publicaciones – independientes o en colaboración con otras organizaciones – del Foro de Federaciones. El Foro ha producido diversos libros y material multimedia. Remítase al sitio en Internet del Foro en www.forumfed.org para obtener mayor información sobre sus publicaciones y actividades. El sitio también incluye ligas a otras organizaciones y una biblioteca en línea.

Queremos expresar nuestro agradecimiento a los autores del primer cuaderno temático por sus contribuciones al presente volumen; particularmente a G. Alan Tarr por el último capítulo, "Análisis comparativo", y hacer patente nuestro reconocimiento a los participantes en las actividades que se llevaron a cabo en doce distintos países – cuyos nombres aparecen al final del cuaderno – por haber aportado la diversidad de perspectivas que contribuyeron a dar forma a los artículos, y a John Kincaid, Cheryl Saunders, Ronald L. Watts y los demás integrantes del Consejo Editorial de Diálogo Global que nos brindaron sus invaluables recomendaciones y experiencia. También queremos mencionar a Alan Fenna y Thomas Hueglin, autores del glosario, y a Lise Rivet por ayudarnos con la línea del tiempo. Reconocemos el valor del apoyo que recibimos de varios miembros del personal del Foro de Federaciones, entre ellos, Rebeca Batres-Doré, Barbara Brook, Maxime Cappeliez, Rhonda Dumas, Karl Nerenberg y Carl Stieren. Por último, gracias al equipo de trabajo de McGill-Queen's University Press por su ayuda durante todo el proceso de publicación.

Para todas aquellas personas que trabajen en el campo del federalismo, estudien o impartan esta materia, o que simplemente se encuentren interesadas en el tema, este cuaderno probará ser una mirada reflexiva y breve sobre el origen y el estatus actual de la Constitución de cada uno de los países que aquí se analizan.

Raoul Blindenbacher y Abigail Ostien, compiladores

DIÁLOGOS SOBRE ORÍGENES, ESTRUCTURA Y CAMBIOS CONSTITUCIONALES EN PAÍSES FEDERALES

Un diálogo global sobre el federalismo

RAOUL BLINDENBACHER / BARBARA BROOK

Este cuaderno es resultado de las mesas redondas que se llevaron a cabo en doce países federales – así como de una mesa comparativa internacional – para explorar el tema "Orígenes, estructura y cambios constitucionales en países federales" como parte del programa U*n diálogo global sobre el federalismo*. El Foro de Federaciones y la Asociación Internacional de Centros para Estudios Federales (IACFS) colaboran en este programa que busca que los participantes concierten diálogos comparativos sobre temas centrales para el federalismo, con el objetivo de aprender del conocimiento y experiencia de cada uno de ellos, y construir una red internacional. Este artículo es una sucinta descripción del Programa de diálogo global y del método que los socios del programa hemos desarrollado para alcanzar nuestras metas. Para ampliar la información sobre los principios que dan sustento al Diálogo global, remítase al capítulo "Un diálogo global sobre federalismo: marco conceptual", del libro temático correspondiente[1].

El Programa de diálogo global lleva a cabo una exploración temática del federalismo. Como ejemplos de temas a futuro tenemos la distribución de poderes, la gobernabilidad legislativa y ejecutiva, el federalismo fiscal y las relaciones exteriores. Cada uno de los temas es moderado por un "coordinador del tema", que, con base en las investigaciones más recientes en la materia, formula un conjunto de preguntas de alcance internacional sobre las distintas disposiciones institucionales y su aplicación práctica. Como cimiento del programa, este conjunto de preguntas – o "plantilla del tema" – orienta el diálogo en las mesas redondas y constituye la guía temática del libro. El coordinador del tema también elige una muestra representativa de países federales y sugiere a un coordinador por cada nación aquí presentada. Cada coordinador nacional tiene a su cargo una mesa redonda, participa en la mesa internacional y escribe un artículo sobre su país para el cuaderno, además de un capítulo para el libro correspondiente.

---

[1] *Constitutional Origins, Structure and Change in Federal Countries.* John Kincaid y G. Alan Tarr, comps. Montreal & Kingston: McGill-Queen's University Press, 2005.

Como ya lo hemos mencionado, los coordinadores nacionales organizan en los países respectivos una mesa redonda de un día de duración, con base en la plantilla del tema. Esta plantilla se distribuye entre los participantes, de manera que todos tengan acceso a las investigaciones más recientes y relevantes realizadas. Para obtener el panorama más preciso posible del caso en los distintos países, es indispensable que en las mesas redondas estén representados los diversos puntos de vista de cada nación, tanto del campo teórico como del práctico, y que los participantes estén abiertos a compartir y a aprender los unos de los otros. Al iniciarse los trabajos, se acuerda cuáles son las preguntas más importantes en la plantilla para el diálogo, y se dedica la mayor parte del día a su análisis para, finalmente, poner a consideración nuevos puntos de vista. Las mesas redondas nacionales han sido consideradas como una oportunidad única para que los expertos en diversas áreas del conocimiento y la práctica, tanto académica como gubernamental, intercambien puntos de vista sobre temas de interés común, en un ambiente neutral. Como señaló un participante belga: "Todos los participantes estuvimos muy impresionados por el formato: un grupo selecto de 20 personas directamente involucradas en el tema y preparadas para llevar a cabo un intercambio constructivo y, como telón de fondo, tuvimos una base de preguntas previamente preparadas. El grupo incluía varios profesionistas en ejercicio, académicos de distintas instituciones, y flamencos y francófonos tuvimos la poco frecuente oportunidad de dialogar con la gran franqueza y cordialidad que se dieron en esta ocasión".

Posteriormente, los coordinadores y representantes participan en una reunión internacional donde se discuten los planteamientos fundamentales surgidos en las mesas redondas de cada país. Los asistentes comparten el conocimiento que en ellas adquirieron e identifican similitudes y diferencias para adquirir un conocimiento profundo del tema. La diversidad entre los países y puntos de vista hacen posible este conocimiento amplio del tema y abre un diálogo verdaderamente comparativo.

Los análisis y las reflexiones de las mesas redondas son la base de las colecciones de cuadernos y libros. Dado el alcance más limitado que tienen los cuadernos en comparación con los libros y su propósito de compartir esta mejor comprensión adquirida en el menor plazo posible, el cuaderno se publica poco después de haberse efectuado la mesa redonda internacional. Se distribuye de manera extensa a un público numeroso y se encuentra disponible en varios idiomas, incluyendo inglés, francés y español. La colección de libros brinda información mucho más pormenorizada de cada país, así como un capítulo que resume las conclusiones en forma comparativa. Las publicaciones de Diálogo global pretenden llenar muchas de las lagunas de la bibliografía sobre federalismo comparado y ser fuente de una base amplia de conocimientos.

El programa incluye también un sitio en Internet que ofrece acceso en línea a un foro de discusión que permite participar en el Diálogo global a gente de todo el mundo. Todos los artículos y capítulos de Diálogo global también se encuentran disponibles en www.forumfed.org.

Alentamos a los lectores de este cuaderno a que empleen el conocimiento adquirido para proponer nuevas soluciones encaminadas a mejorar la gobernabilidad democrática, y a que se integren al gran número de participantes activos en todo el mundo con el objeto de ampliar y fortalecer la creciente red internacional sobre federalismo.

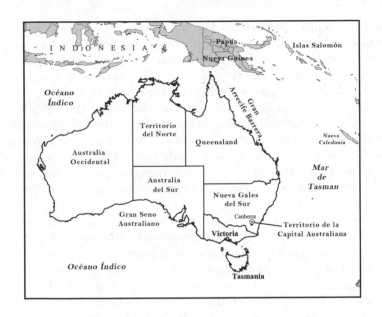

Australia:
la evolución de una Constitución

KATY LE ROY / CHERYL SAUNDERS

La Constitución federal australiana ha estado vigente más de 100 años, durante los que ha demostrado capacidad de adaptación ante distintas circunstancias. El texto de la Constitución ha cambiado poco desde 1901 – sólo ocho de 44 referendos han logrado modificarlo. Sin embargo, el significado y la forma en que opera el texto han evolucionado en forma gradual a través de la interpretación judicial y las distintas prácticas políticas. Uno de los principales cambios a lo largo de esta evolución ha sido la expansión paulatina de las facultades de la Mancomunidad – o gobierno federal – y del parlamento. Aunque el sistema de gobierno establecido por la Constitución se mantiene estable, hoy en día existen argumentos a favor del cambio constitucional con el propósito de proteger los derechos de forma más eficaz e instaurar la república australiana.

La Constitución de Australia fue negociada durante la última década del siglo XIX y entró en vigor el 1° de enero de 1901. No fue resultado de un levan-tamiento, sino consecuencia del anhelo de formar – por razones prácticas – una unión limitada entre las seis colonias que se convertirían en los estados australianos. La Constitución combina el estilo de federalismo de Estados Unidos con las instituciones de gobierno de responsabilidad parlamentaria de Gran Bretaña, de acuerdo con las cuales el primer ministro debe electo entre los miembros del Parlamento. La nación está compuesta por seis estados, dos territorios continentales, con autogobierno, y algunos territorios externos.

Aunque la Constitución originariamente fue promulgada por el Parlamento británico, Australia ha logrado su independencia de Gran Bretaña gradualmente, sin cambios constitucionales formales, ni rompimientos en la continuidad legal. A esto hay que añadir que la Constitución australiana fue aprobada mediante un proceso relativamente popular de referendos en las seis colonias. Se trata de un documento bastante breve, que consta de 127 artículos y 11,908 palabras.

Los dos objetivos principales de la Constitución fueron: establecer una federación y mantener las instituciones del gobierno nacional. Estas metas han sido alcanzadas satisfactoriamente, a pesar de que la brevedad del documento se preste a malentendidos sobre ciertos aspectos de la forma en que opera el gobierno australiano en la actualidad. La Constitución presupone el derecho consuetudinario entonces ya en uso, sobre el que se erige; muchas normas importantes de carácter constitucional no están contenidas en la Constitución formal.

Ya se ha podido comprobar lo difícil que es modificar el texto de la Constitución australiana. Para que un proyecto de reforma a la Constitución aprobado por el Parlamento devenga ley, debe ser sancionado mediante referéndum por mayoría de votos a nivel nacional y también por mayoría de votos en la mayor parte de los estados. Como se dijo anteriormente, únicamente ocho de las 44 propuestas de enmienda han tenido éxito. Este bajo número quizá se deba al intenso carácter de confrontación del proceso de referéndum, a la falta de comprensión de las propuestas de cambio o al conservadurismo de los votantes en materia constitucional, que despierta relativamente poco interés en Australia. En general, los australianos dicen conocer muy poco sobre su Constitución. El conocimiento que la ciudadanía pueda tener al respecto se complica porque el texto constitucional no se ocupa de algunas de las instituciones gubernamentales que les son más familiares a los ciudadanos, entre ellas, el gabinete y la oficina del primer ministro.

En la última década del siglo XX, el tema principal del debate constitucional era si Australia debía romper sus vínculos formales con la Corona y establecer una república, así como la modalidad que ésta podría adoptar. El referéndum de 1999 sobre este punto fracasó, en gran medida, por las deficiencias percibidas en los modelos alternativos propuestos. Es probable que la posible instauración una república continúe siendo el tema constitucional dominante durante la primera parte del presente siglo, no tanto por las dificultades prácticas específicas que presente, sino por motivos simbólicos.

Ni la Constitución de la Mancomunidad, ni las de los estados, incluyen una declaración o carta de derechos. La Constitución no habla explícitamente de la protección de los derechos individuales, aunque un puñado de restricciones a las facultades de la Mancomunidad tiene un efecto similar. En la época en que se redactó la Constitución, los países con tradición constitucional británica estaban satisfechos con que se protegieran adecuadamente los derechos por otros medios. A diferencia de otros países equiparables – incluyendo al mismo Reino Unido – Australia se ha mantenido apegada a esta postura. Intentos sucesivos por establecer una declaración nacional de derechos han fracasado. Congruentes con este punto de vista un tanto displicente sobre la capacidad del sistema legal ordinario para proteger los derechos de forma adecuada, las leyes australianas, en general, no han incorporado los instrumentos internacionales de protección a los derechos humanos sucritos por el país. Se supone que la ley australiana está en conformidad con ellos. Aunque las acciones correctivas sean posibles, no siempre estarán al alcance de la mano si – como ocurre en algunas ocasiones – se demuestra lo equivocado de estas suposiciones.

Actualmente, Australia es el único país en el mundo del derecho consuetudinario en que no existe una defensa sistemática de los derechos individuales. Parece probable que los derechos sean materia de debate constitucional en algún momento futuro. Resultaría un reto menor para las instituciones electas del gobierno nacional que el Parlamento de la Mancomunidad promulgara una declaración legislativa de derechos en ejercicio de sus facultades de formulación de leyes en materia de "asuntos exteriores", por lo que podrían preferir esta posibilidad a una declaración de derechos constitucional. Por otro lado, dicha legislación de la Mancomunidad invalidaría las inconsistentes leyes estatales, y por tanto, podría provocar la oposición de los estados. Ante estas dificultades, es probable que en el futuro inmediato la protección de derechos en Australia siga utilizando los mecanismos tradicionales del Parlamento y los tribunales aplicando el singular derecho consuetudinario australiano. En algunos sentidos, la Constitución ha sido notablemente exitosa. Reunió y mantuvo unidas, de forma pacífica, a todas las partes de un país geográficamente muy extenso, resistiendo, al menos, una amenaza seria de secesión. Ha sido el principal instrumento constitutivo por más de un siglo de gobierno democrático estable. Ha sido lo suficientemente flexible para adaptarse al cambio dramático de circunstancias – incluyendo la transición a la independencia australiana. Ha establecido el marco gubernamental en el que se

> Debido en parte a su antigüedad, la Constitución ha llegado a ser cada vez más irrelevante para la estructura y operación del gobierno australiano.

han desarrollado y florecido las Mancomunidad, los estados y los territorios. Sin embargo, debido en parte a su antigüedad, la Constitución ha llegado a ser cada vez más irrelevante para la estructura y operación del gobierno australiano, al menos para quienes consideran que el propósito de las constituciones es estructurar el poder y controlar su abuso. Es probable que la Constitución necesite mayores modificaciones, lo cual requerirá de un mayor conocimiento ciudadano del sistema constitucional, un sólido debate público y algunos cambios de actitud.

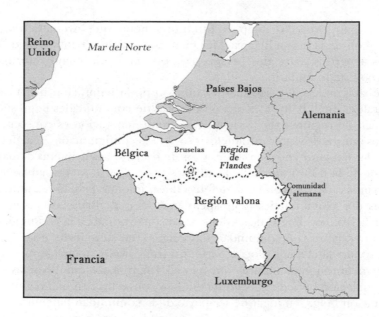

Bélgica:
ambigüedad y desacuerdo

KRIS DESCHOUWER

La transformación de Bélgica en un país federal se hizo gradualmente, mediante un proceso que se inició en la década de 1970 y culminó a principios de la década de 1990. La razón para instaurar el federalismo fue poder manejar las tensiones entre el norte de habla neerlandesa y el sur francófono. Curiosamente, el norte y el sur aún tienen visiones un tanto diferentes de su sistema federal. Este desacuerdo se extiende hasta la Constitución. A la vez, el norte y el sur todavía no han logrado un acuerdo sobre la definición misma de los derechos de lenguaje y los grupos minoritarios, por lo que estos conceptos no están definidos con claridad en la Constitución. La ambigüedad que prevalece y los profundos desacuerdos forman parte de los ingredientes básicos de una estructura federal que – sorprendentemente – continúa funcionando de manera bastante eficaz y sin mayores conflictos.

El sistema federal de Bélgica nació oficialmente en 1993, después de un conjunto de reformas poco sistemáticas hechas con el propósito de reconciliar las diferencias etnolingüísticas. Los artífices de la Constitución belga no hallaron inspiración, como tal, en los modelos existentes de los países federales. La federación belga no fue el resultado de la implementación de un proyecto; tampoco hubo una mente que inventara o tuviera una visión de la nueva Bélgica. Más bien, fue el fruto de una serie de delicados acuerdos entre dos perspectivas diferentes de cómo reformar el antiguo Estado unitario.

Probablemente el rasgo más asombroso de la federación belga sea su naturaleza dual. Bélgica es una federación de comunidades lingüísticas y también de regiones territoriales. Esta doble federación es consecuencia de dos puntos de vista contradictorios sobre la configuración ideal del país entre los hablantes de neerlandés y los de francés. Las primeras demandas a favor de la transferencia de facultades procedieron de los hablantes de neerlandés y se basaron en la defensa de su idioma. Pedían la autonomía de las dos comunidades lingüísticas mayoritarias. Bruselas – situada al norte la frontera lingüística – debería ser incorporada a la comunidad de habla neerlandesa o comunidad flamenca o, en su defecto, estar íntimamente vinculada a ella. Por su parte, los francófonos abogaban porque se otorgara autonomía a las regiones, lo cual significaba que Bruselas – con una población 85% de habla francesa – se convertiría en una región de la federación belga, en lugar de ser parte de la comunidad flamenca.

La compleja doble federación fue la salida a esta encrucijada. Bélgica creó tanto las comunidades lingüísticas sugeridas por los neerlandeses, como las regiones territoriales que deseaban los francófonos. Las tres regiones son: la Valonia francófona, la Bruselas bilingüe y el Flandes neerlandés. La comunidad neerlandesa puede ejercer sus facultades en la región flamenca y en Bruselas, y la comunidad de habla francesa puede hacerlo en la región de Valonia y en Bruselas. Ciertamente, este arreglo es mucho más complicado que los de otras federaciones, que simplemente se encuentran divididas en subestados territorialmente definidos. Pero tiene la gran ventaja de brindar una solución a dos puntos de vista divergentes – y en gran medida incompatibles – sobre la naturaleza misma de la nación. Por tanto, la Constitución federal belga acepta y define dos visiones del país y les permite coexistir.

> Por tanto, la Constitución federal belga acepta y define dos visiones del país y les permite coexistir.

Aun así, dicha coexistencia no está libre de problemas. La ciudad de Bruselas es ahora una región donde la minoría de habla neerlandesa necesita protección. Los hablantes de neerlandés tienen un número reservado de escaños en el parlamento regional y la mitad de los ministros del ejecutivo de la región.

El establecimiento de la región flamenca, al norte del país, también ha dejado a alrededor de 60,000 francófonos del "lado equivocado de la frontera". Por lo tanto, los francófonos de Flandes necesitan ser protegidos. La solución práctica para estos hablantes de francés ha sido crear una condición de excepción para las comunidades que habitan, conocidas como "communes à facilités". Los francófonos que habitan en dichas comunidades pueden comunicarse en francés con las autoridades públicas regionales y federales.

Sin embargo, ha surgido la controversia en torno a la definición, interpretación y alcance de estos derechos del idioma francés en territorio flamenco. Al encontrarse entre muchos hablantes del neerlandés, los servicios en francés, que son limitados, se consideran una excepción temporal del principio de territorialidad, un medio para dar cabida a las minorías lingüísticas hasta que aprendan a hablar el idioma de la región suficientemente bien para comunicarse con las autoridades públicas. Aunque en estas zonas reservadas los derechos minoritarios están respaldados por la Constitución, con frecuencia Flandes exige que sean retirados porque son una excepción a la regla del lenguaje con base territorial. Los hablantes de neerlandés argumentan que la relación entre los grupos lingüísticos ha sido establecida por la organización federal del estado belga.

Definitivamente, los francófonos tienen una opinión completamente diferente sobre los derechos lingüísticos. Consideran que los francófonos en Flandes son una minoría que necesita de la misma protección formal que ha recibido la muy reducida minoría de habla neerlandesa en Bruselas. Rechazan la idea de que los derechos de los hablantes de francés en Flandes sean considerados una medida transitoria. Al contrario, piensan que son fundamentales, e incluso argumentan que no deberían estar restringidos a un pequeño número de "communes à facilités". Por ejemplo, en ciertos municipios con minorías francófonas significativas, los hablantes de francés no tienen protección alguna. Esto incluye a los francófonos que viven en Amberes y Gante, las principales ciudades flamencas.

Los francófonos de Bélgica se remiten al derecho internacional – en especial, al Convenio marco sobre la protección de las minorías nacionales del Consejo de Europa – para exigir mayor protección general a los francófonos en Flandes. Definen a estos últimos como una minoría que merece la debida defensa cultural, mientras que los hablantes de neerlandés afirman que los derechos lingüísticos deben estar fundamentados en un vínculo claro entre territorio y uso de la lengua. En pocas palabras, los hablantes de neerlandés no están de acuerdo con que se otorguen derechos lingüísticos o culturales explícitos a los grupos minoritarios que viven en la parte de habla neerlandesa de la nación.

Este debate es característico del discurso público que se ha dado en Bélgica por décadas. Hasta los años ochenta del siglo pasado, estas polémicas y las consecuentes controversias provocaron el final anticipado de un considerable número de gobiernos belgas. Es una prueba para el modelo actual que ha sido capaz de sostenerse a pesar de las marcadas diferencias de opinión y la ambigüedad prevalecientes.

Brasil: los retos de la implementación de la Constitución

CELINA SOUZA

Después de siete diferentes constituciones en sus 115 años de gobierno federal, Brasil se rige ahora por la Constitución de 1988. Es el resultado del regreso del país a la democracia, después de casi 20 años de gobierno militar. Brasil ha pasado por diversos acuerdos federales y ha experimentado periodos de autoritarismo y democracia. Aunque desde la década de 1930 los diferentes constituyentes se han preocupado por atender los principales problemas sociales del país – la desigualdad regional y social y la pobreza –, ningún sistema político ha logrado enfrentarlos de manera rotunda.

El federalismo fue instaurado en 1889 y quedó plasmado en la Constitución de 1891. A diferencia de muchos otros sistemas federales, el federalismo brasileño nunca surgió como respuesta a divisiones sociales profundas de naturaleza étnica, lingüística o religiosa. Debido a que la unidad del país no ha sido cuestionada desde que Brasil se instituyó como república federal, la Constitución estipula que "todo poder emana del pueblo"; no de la nación como comunidad con una historia compartida, ni del Estado organizado bajo un solo gobierno, ni de las unidades constitutivas como estados miembros de la federación; lo cual indica que el sistema federal brasileño está edificado sobre el principio del individualismo, más que por el comunitario.

La Constitución de 1988 es expresión de una tradición constitucional desarrollada a través de la formulación de siete constituciones. Lo que la distingue es el grado de participación popular que tuvo su creación. Esta participación fue un elemento esencial de la transición a la democracia y se convirtió en un instrumento importante para la legitimación de la Constitución y la redemocratización. Los principales objetivos políticos y de las políticas establecidas en dicho documento fueron crear una sociedad justa, garantizar el progreso nacional, erradicar la pobreza y la marginación, reducir las desigualdades sociales y regionales y promover el bienestar de todas las personas, sin prejuicios ni discriminación. No sólo establece los principios básicos, las normas y los derechos sino, también, una amplia gama de políticas públicas. También: (a) instituye los municipios como órdenes de gobierno, además de los estados; (b) provee mayores recursos a las unidades constitutivas, en particular a los gobiernos locales; (c) aumenta el control social e institucional sobre los tres órdenes de gobierno, al incrementar las facultades tanto del poder legislativo, como del judicial, y reconociendo el papel que tienen los movimientos sociales y las instituciones no gubernamentales en la vigilancia del gobierno, y (d) universaliza las prestaciones sociales, particularmente el acceso a los servicios de salud.

Entonces, ¿por qué razón Brasil ha tenido dificultades para mantener una democracia federal estable, capaz de prevenir periodos de gobierno autoritario, de reducir la pobreza y la desigualdad social y regional, y de conciliar la democracia social con las restricciones de la economía mundial? Hoy en día, los principales problemas que enfrenta Brasil se deben más al cambio de prioridades en materia de políticas y al manejo de limitaciones económicas no previstas por los autores de la Constitución, que a deficiencias en la Constitución misma. Existe una brecha entre las áreas que cubre la gobernanza constitucional de manera explícita y las circunstancias políticas y económicas, y éstas últimas todavía tienen mayor peso que los mandatos constitucionales.

> Hoy en día, los principales problemas que enfrenta Brasil se deben más al cambio de prioridades en materia de políticas que a deficiencias en la Constitución misma.

Los problemas específicos que actualmente enfrentan el federalismo brasileño y la gobernanza constitucional abarcan varios temas. El primero y más importante, es que Brasil es una federación que siempre se ha caracterizado por su desigualdad regional y social. Aunque la Constitución de 1988 – y las anteriores – ha provisto diversos mecanismos políticos y fiscales para contrarrestar la desigualdad social y atacar la pobreza, éstos no han sido capaces de superar las diferencias históricas que existen entre las regiones y las clases sociales.

Los gobiernos de los tres órdenes no han logrado reducir la pobreza y la desigualdad regional. Su capacidad de acción está limitada por diversos factores, entre los que destacan los requisitos fiscales de las entidades crediticias internacionales y los de las instituciones y regulaciones financieras federales. La capacidad de los estados también está limitada por los pagos de deuda.

Otro factor adverso para los estados es la apertura de la economía brasileña, que tiende a hacer más complejas las relaciones intergubernamentales, porque hace que se acrecienten las diferencias entre los estados desarrollados y los menos desarrollados. Lo anterior también contribuye a la tendencia actual de dar marcha atrás en las iniciativas previas, aunque tímidas, para favorecer la descentralización económica.

Una dificultad adicional es que en Brasil existen pocos mecanismos de coordinación entre los tres órdenes de gobierno. Esta cuestión ha adquirido mayor importancia porque los gobiernos municipales han alcanzado una mejor posición financiera que los estados dentro de la federación y se les ha hecho responsables de importantes políticas sociales.

Actualmente, la posibilidad de transformar los principios constitucionales en políticas de desarrollo regional no está en la agenda brasileña. Pero el cambio no es imposible, puesto que la superación de las desigualdades regionales siempre ha sido una prioridad de los constituyentes brasileños. Además, no resulta impensable prever una mayor claridad del papel de los estados de la federación, porque las deudas y problemas estatales – incluyendo el fracaso en el combate a la violencia y el narcotráfico – se encuentran entre las principales prioridades del país en su conjunto.

Por último, hoy en día existe el consenso de que es necesaria una revisión profunda de los mecanismos fiscales e impositivos, así como del papel que corresponde a cada orden de gobierno en la federación. El número de medidas a corto plazo que ya han sido adoptadas son una llamada de atención para que en el nivel de toma de decisiones se vea la necesidad de hacer cambios importantes. Sin embargo, es probable que estas reformas estén antecedidas por un amplio debate que involucre intereses gubernamentales y privados.

Aún no se puede saber con certeza cómo se negociarán las soluciones a los principales conflictos de interés. Pero una cosa es casi segura: los cambios en las áreas de interés sensibles pueden crear incertidumbre en el electorado y los inversionistas.

La solución a los problemas sustanciales de Brasil, en especial la desigualdad social y regional, depende menos del federalismo y la Constitución en sí, que de hacer frente a conflictos políticos más profundos, redefinir las prioridades en materia de políticas y mejorar el desempeño económico. Sin embargo, para que las políticas públicas dejen atrás el largo historial de desigualdad, se requieren recursos y la intervención gubernamental en un momento en que muchos consideran que el gobierno es más un estorbo que una solución. Esta perspectiva restringe el papel que pueden desempeñar los gobiernos – particularmente los del mundo en vías de desarrollo – para alcanzar superávits presupuestarios, en severo detrimento de un mayor gasto público.

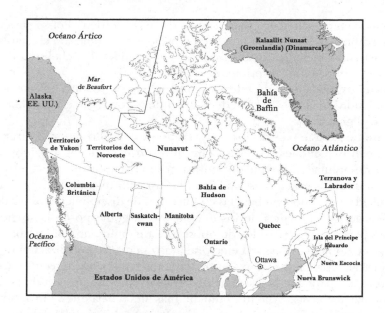

Política constitucional en Canadá

RAINER KNOPFF / ANTHONY SAYERS

A pesar de que Canadá es una de las democracias federales con mayor antigüedad en el mundo, está asediada por tensiones culturales que recientemente han amenazado con desintegrarla. El reto separatista de la provincia de Quebec – la jurisdicción canadiense predominantemente francófona –, fue un desafío real que comenzó a mediados de la década de 1970 y culminó con el referendo de Quebec de 1995, que estuvo a punto (1.2%) de aprobar la secesión.

Quebec reclama el estatus de "sociedad distinta", basada en que representa a una de las dos naciones fundadoras, con lo que implica que las nueve provincias restantes son subdivisiones de la nación angloparlante. En cambio, las otras provincias promueven una visión de estatus provincial igualitario. El resultado es una dinámica descentralizadora.

La postura territorial de las "dos naciones" (es decir, Quebec y el resto de Canadá) compite con la idea de un Canadá bilingüe, donde los individuos de cualquiera de los grupos lingüísticos se puedan sentir igualmente cómodos en cualquier parte del país. Ambas interpretaciones de la dualidad francesa e inglesa son desafiadas, a su vez, por la noción de un Canadá multicultural. Al mismo tiempo, las comunidades indígenas de Canadá se han redefinido a sí mismas como "Primeras Naciones" con derecho al autogobierno, e incluso también podrían convertirse un tercer orden constitucional de gobierno. Para no quedarse atrás, los municipios de Canadá hacen cada vez más ruido en demanda un estatus similar de "tercer orden". Por su parte, los tres territorios del norte de Canadá en ocasiones han codiciado el estatus de provincia. Las mujeres canadienses han contribuido al simbolismo de las naciones "fundadoras" o "primeras" naciones al subrayar la importancia de los "géneros fundadores". A este ambiente de tensión se suma una corriente política individualista basada en derechos, que se contrapone a la política de identidad grupal.

Al frente de este país diverso y escasamente poblado se encuentran los parlamentos federales y provinciales, que son ejemplo de partidos altamente disciplinados, dominados por sus primeros ministros y elegidos por mayoría relativa en circunscripciones de un solo miembro. Debido a la dificultad de reconocer – bajo las condiciones de disciplina de los partidos – la eficacia e influencia de los miembros del gobierno de las regiones menos pobladas, los partidos de oposición a menudo atraen los votos de castigo regionales. El sistema electoral avanza en la regionalización de los partidos al acrecentar el impacto de los votos regionales concentrados en las regiones, para que la distribución de los escaños de un partido en una región particular sea a menudo mucho más alta o baja que su proporción del voto regional. Por tanto, la reforma electoral es parte del debate institucional que tiene lugar en Canadá.

También lo es la reforma parlamentaria. Dos propuestas predominantes son la reducción de la disciplina partidista en la Casa de los Comunes y la reforma del Senado federal. Los reformadores quieren hacer del Senado un contrapeso mayor a la Casa de los Comunes, transformándolo en un organismo al que se acceda por elección – ya no por designación –, con una representación provincial más equitativa.

Desde la década de 1960 hasta la de 1990, este conjunto de temas generó una ola cada vez mayor de propuestas de reforma constitucional. Aunque todo comenzó como un intento por resolver los retos planteados por el nacionalismo y el separatismo de Quebec, el proceso creció hasta convertirse en una de las llamadas "políticas mega constitucionales", en la que todos los intereses y visiones en conflicto se reflejaron en propuestas cada vez más rígidas para una transformación constitucional de gran amplitud.

El resultado del proceso de política mega constitucional fue la Ley Constitucional de 1982, que agregó dos elementos importantes a la Constitución original de 1867: 1) un procedimiento de enmienda nacional que dejó atrás la necesidad de que el Parlamento británico promulgara las reformas importantes, y 2) una Carta de derechos y libertades de aplicación judicial. El propósito de la Carta no sólo era proteger los derechos y libertades, sino también ser contrapeso del énfasis de la Constitución federal en torno a la división territorial – por medio de elevar a rango constitucional los valores comunes canadienses.

Sin embargo, la Ley Constitucional de 1982 no acalló las voces del estridente coro de demandas constitucionales. En efecto, debido a que limitaba

el supuesto derecho de Quebec a un veto constitucional, consolidó el bilin-
güismo individual por encima del territorial, y no logró descentralizar el
poder federal. Para Quebec, 1982 fue una bofetada; fue la única provincia
que rechazó esa reforma.

Subsiguientemente, se lanzaron dos rondas de reformas constitucionales
importantes – la de Meech Lake (1987) y la de Charlottetown (1992). La
ronda de Meech Lake estuvo motivada por el intento de "reincorporar a
Quebec a la familia constitucional canadiense", pero el esfuerzo generó
demandas para que ya no sólo se atendieran las prioridades de reforma
constitucional de Quebec, sino también las de los pueblos nativos, las
mujeres, los grupos minoritarios y de otras provincias. El proceso subsi-
guiente – que hizo frente a todos los grandes reclamos de reconocimiento
y cambio constitucional – desembocó en el Acuerdo de Charlottetown,
que no obtuvo la aprobación de la mayoría cuando se sometió a referendo.

En los acuerdos fallidos de Meech Lake y Charlottetown había disposiciones que reconocían a Quebec como una "sociedad distinta" dentro de
Canadá. El fracaso de esta reforma contribuyó a que en 1995 estuviera muy
cercano al éxito el referendo de secesión de Quebec. Sin embargo, las llamas
secesionistas se apagaron y la fatiga constitucional ha desalentado que se
emprendan más aventuras de tipo mega constitucional.

No obstante, la reforma institucional sigue sobre la mesa. Simplemente el
foco ha pasado de las enmiendas constitucionales formales – especialmente
los paquetes complejos de estas reformas – a cambios menos sistemáticos
adoptados a través de resoluciones, legislaciones y negociaciones parlamentarias, e interpretaciones judiciales. Algunas de las demandas surgidas
durante los episodios de Meech Lake y Charlottetown – p.ej., el reconocimiento de Quebec como sociedad distinta, su derecho *de facto* al veto de
algunas enmiendas constitucionales, el avance de los acuerdos de autogobierno de las Primeras Naciones – han sido resueltas
a través de estos mecanismos. En ciertas provincias
se han instituido ciclos electorales fijos, con lo
que se ha debilitado una de las fuentes de poder
de los primeros ministros, y se están explorando
sistemas de representación proporcional.

El hecho de que éstas y otras propuestas de
reforma se estén dando de manera individual y en
el orden subconstitucional, en lugar de ser agluti-
nadas en paquetes mega constitucionales, parece
haber calmado los ánimos de la política institu-

> Pero el país, libre
> de la sensación de
> un fracaso inmi-
> nente, parece tener
> ahora una rica y
> vibrante plataforma
> para la reforma
> institucional.

cional. En los años recientes, Canadá estuvo próximo a una crisis constitucional. Pero el país, libre de la sensación de un fracaso inminente, parece tener
ahora una rica y vibrante plataforma para la reforma institucional. En política
no hay garantías, pero la posición de Canadá como una de las democracias
federales más antiguas y exitosas del mundo podría perdurar por largo tiempo.

Alemania:
las facultades parcialmente compartidas y el entrelazamiento político

JUTTA KRAMER

La República Federal de Alemania se fundó en 1949, cuatro años después de que Alemania fuera derrotada en la Segunda Guerra Mundial y que los Aliados occidentales otorgaran a los primeros ministros de los estados constitutivos – *Länder* – la tarea de redactar una nueva Constitución de carácter federal. Su objetivo era evitar que en el país surgiera nuevamente un fuerte estado central. Como resultado, el sistema federal se caracteriza por una serie de interconexiones y por un traslape de poderes entre el gobierno central y las unidades constitutivas.

Algunos de los retos de la estructura federal alemana hoy en día son determinar si el sistema asegura, tal y como está, una relación constitucional idónea entre la federación y los estados, si logra satisfacer cabalmente los requisitos democráticos y sobre todo, en las circunstancias actuales, si es capaz no sólo de soportar las cargas derivadas de la unificación alemana (con sus consecuencias políticas, económicas y constitucionales), sino de sobrevivir a ellas.

La Constitución de la República Federal de Alemania, llamada Ley Fundamental, fue redactada y aprobada por el Consejo Parlamentario en 1948 y 1949. La Ley Fundamental reestableció el sistema federal y distinguió entre tres tipos de autoridades públicas: la federación, los estados y la República Federal de Alemania en su conjunto. Ante la interrogante de si en los tratados y obligaciones internacionales había un sucesor del antiguo imperio alemán y, en caso de que así fuera, quién era, la Corte Constitucional Federal declaró que no existía un marco común para un sucesor único de este tipo bajo el nombre de 'República Federal de Alemania' sino simplemente dos entidades: la federación y los estados. Con esta resolución de la Corte, el debate en curso respecto a la naturaleza del sistema federal alemán llegó su fin. Igual que la mayoría de las federaciones, Alemania consiste en un régimen de dos órdenes.

A pesar del doble carácter del sistema federal alemán, en estos dos órdenes existe una triple relación constitucional, a saber: las relaciones dentro de la federación, entre la federación y los estados, y entre los propios estados. En consecuencia, tanto la federación como cada uno de los estados constitutivos tienen jurisdicción constitucional propia que es ejercida internamente como la facultad de redactar su constitución. Hacia el exterior, cada uno está facultado para establecer y mantener relaciones intergubernamentales con la federación y con los estados constitutivos. El único mecanismo de cohesión en las tres dimensiones constitucionales es la llamada "cláusula de homogeneidad" que obliga al orden constitucional en los *Länder* a cumplir con los principios de Estado democrático y social así como con el Estado de Derecho según lo establecido en la Ley Fundamental. Salvo por esa única cláusula, las tres áreas constitucionales coexisten con independencia absoluta entre sí.

Como en cualquier forma de gobierno federal auténtica, en el sistema alemán no existe una relación de trabajo única entre la federación y los estados sino una red multifacética de este tipo de relaciones: formales e informales, bilaterales y multilaterales, individuales y de conjunto. El Consejo Federal o *Bundesrat*, la cámara baja de la federación en Alemania, se ubica en el centro de la estructura federal del país. Tanto en términos constitucionales como en la práctica, además de participar en la administración de la federación, es el órgano legislativo que representa a los estados dentro de un marco federal. El nivel inmediato de coordinación es el de cooperación horizontal entre los estados mismos con base en las relaciones intergubernamentales.

En este marco constitucional tridimensional, la federación prima sobre los estados constitutivos, tal como se refleja en su título de "estado superior". También es responsable de la protección y preservación de la Constitución federal. Sin embargo, los estados constitutivos son "estados" en el pleno sentido de la palabra, disfrutan de sus facultades constitucionales originales y ejercen de forma independiente sus propias funciones y competencias, a la vez que administran sus tareas a manera de dominio basado inherentemente en la Constitución. Por lo tanto – a menos que la Ley Fundamental lo permita o disponga de otra forma – las relaciones entre la federación y los estados, así como entre los estados, se rigen por los principios de paridad e igualdad. De acuerdo con la Constitución, cada estado – independientemente de su tamaño, población, poder económico o capacidad financiera – tiene el mismo estatus federal.

Tanto el sistema federal de Alemania como el de Estados Unidos, muestran una clara tendencia hacia la uniformidad y la centralización. Pero existen tres diferencias innegables. Primero, el desarrollo del federalismo unitario en Alemania fue impulsado por los órganos políticos más poderosos del gobierno federal: la *Bundestag* – la cámara alta, elegida por la ciudadanía – y la *Bundesrat* – la cámara baja. Ellos se asignaron a sí mismos competencias legislativas concurrentes por medio de enmiendas constitucionales cuando obtuvieron la mayoría requerida de dos terceras partes en ambas cámaras. Segundo, en la realidad política, las dos diferentes administraciones, tanto a nivel federal como estatal, ejercen la división de poderes más eficaz, mostrando así facetas de federalismo ejecutivo. Esto significa que en la práctica, el gobierno federal ha obtenido la porción más grande de las competencias concurrentes por ser el principal legislador de Alemania, mientras que los *Länder* – como ejecutores no sólo de sus propias leyes, sino también de las del grueso de la legislación federal – funcionan primordialmente como organismos administrativos. Tercero, debido a que el gobierno federal y los estados comparten tareas e impuestos, existe una gran cantidad de facultades parcialmente compartidas, entrelazamientos políticos y procedimientos de búsqueda de consenso, característicos del federalismo cooperativo.

> El sistema de federalismo cooperativo no sólo ha demostrado ser agobiante en la práctica, sino también problemático desde el punto de vista democrático.

Sin embargo, el sistema de federalismo cooperativo no sólo ha demostrado ser agobiante en la práctica, sino también problemático desde el punto de vista democrático. Si todo el mundo es responsable de todo, el resultado es que nadie se hace responsable de nada. Por tal motivo, se ha discutido mucho sobre el establecimiento de reformas que den mayor transparencia a la toma de decisiones y a la rendición de cuentas, y sobre la permisión de una mayor competencia entre el gobierno federal y los *Länder*. Sin embargo, Alemania aún se encuentra lejos de tener un sistema de federalismo competitivo.

La reunificación de Alemania tuvo lugar en 1990, tras 45 años de división política entre la parte oriental y la occidental del país, debido al conflicto de la Guerra Fría. La República Democrática Alemana (RDA) se unió al territorio regido por la Ley Fundamental (*Grundgesetz*), después de su colapso político y económico. Durante el proceso de reunificación, la implementación de cualquier tipo de sistema federal debería estar basada en la restauración de los estados previos y en que, por el momento, Alemania Oriental debería regresar a las estructuras tradicionales mediante la creación de "los nuevos *länder*" y dejar para más adelante la reforma de la estructura federal. Con toda seguridad, la federación tendrá que ofrecer subsidios masivos a los recién incorporados estados germano orientales durante un tiempo considerable. Aunque este problema fue reconocido desde hace mucho tiempo, plantea una amenaza considerable para el desarrollo del sistema federal en el futuro próximo. Esta situación podría representar para el federalismo alemán una época prolongada de centralización, tal como sucedió en los años que siguieron a la fundación de la República Federal, hasta que tuvieron lugar las reformas financieras, entre 1966 y 1969.

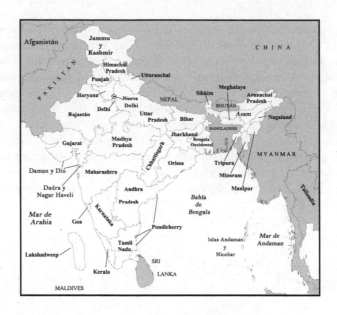

India: el surgimiento del federalismo cooperativo

AKHTAR MAJEED

La Constitución de la India previó un equilibrio creativo entre la necesidad de un gobierno central eficaz y unos estados facultados. El sistema federal resultante se convirtió en un marco sólido para el funcionamiento del Estado indio. A pesar de las dificultades para mantener un equilibrio de poderes, el sistema ha sobrevivido.

La India, país del tamaño de un continente, con una extensión territorial de 3,287,590 kilómetros cuadrados y una población de más de mil millones de personas, tiene una sociedad diversa, 18 lenguas nacionales y alrededor de 2,000 dialectos, doce grupos étnicos y siete religiosos, fragmentados en un gran números de sectas, castas y subcastas, y aproximadamente 60 subregiones socioculturales distribuidas en siete regiones geográficas naturales. Durante los dos siglos anteriores a su independencia en 1947, India estuvo primero bajo la jurisdicción de la Compañía Británica de las Indias Orientales y luego bajo la Corona Británica.

Entre 1946 y 1950, los líderes del Movimiento de Independencia de la India y los padres de la Constitución se dieron a la tarea de redactarla. Los miembros de esta Asamblea Constituyente tuvieron en común dos metas principales. La primera fue la construcción de un sistema de gobierno unido a partir de una sociedad altamente fragmentada y segmentada mediante el fortalecimiento de la "Unión", u orden federal, al que se transferiría el poder residual. Su segundo objetivo fue el desarrollo del país, sumamente rezagado, a través de la reducción de la pobreza y el analfabetismo, y de la construcción de un Estado nación moderno. El resultado fue la Constitución más extensa del mundo, con 395 artículos, doce anexos y tres apéndices.

La Constitución establece la "Unión de Estados", que hoy en día consta de 28 estados y siete "territorios de la Unión", a la vez que define las facultades de los poderes ejecutivo, legislativo y judicial del gobierno, proporciona un estándar para medir la validez de las leyes promulgadas por el legislativo, y estipula que el poder judicial como el garante de la Constitución. Dicho documento en general es flexible, aunque puede no serlo en muchas de las cuestiones "federales" que conciernen a los estados. En consecuencia – reflejando inquietudes ante las fuerzas centrífugas que pueden fragmentar al país – la Constitución establece un sistema políticamente viable y un tanto centralizado que concede las suficientes facultades al gobierno de la Unión para garantizar no sólo su dominio, sino también, en caso necesario, la capacidad unitaria de gobierno.

Igualmente importante es que la diversidad del país y las condiciones socioeconómicas – aunadas a la influencia ideológica del socialismo – hayan impulsado a la Constitución hacia un federalismo más unitario, en nombre de la justicia, la igualdad y la defensa de los derechos. Muchos de los padres de la nación pensaron que únicamente un gobierno central poderoso podría conducir al desarrollo económico de manera eficaz y asegurar la equidad entre todas las jurisdicciones territoriales, religiones, lenguas, clases y castas. Por tanto, desde la independencia hasta la década de 1980, bajo el régimen del Partido del Congreso, la tendencia fue cada vez más centralizadora. Sin embargo, durante esta década, las relaciones entre la Unión y los estados se llenaron de rencores, se inició el declive del Partido del Congreso y un gobierno de coalición – el Frente Nacional – subió al poder en Nueva Delhi como resultado de las elecciones de 1989, en parte porque el federalismo centralizado – dirigido por un partido monopólico durante casi 40 años – no había alcanzado los objetivos planteados en la Constitución. Desde 1989, los gobiernos de coalición en el poder central y los partidos regionales y estatales que proliferaron en todo el país, aunados a la liberalización económica, han ayudado a descentralizar el sistema político federal en muchos aspectos.

Sin embargo, a pesar de la descentralización en algunas áreas, prevalece la opinión generalizada de que los mecanismos de relación interguber-

> Muchos de los padres de la nación pensaron que únicamente un gobierno central poderoso podría conducir al desarrollo económico de manera eficaz y asegurar la equidad entre todas las jurisdicciones territoriales, religiones, lenguas, clases y castas.

namental de la India están inclinados a favor del gobierno central. El gobierno central poderoso que concibieran los padres de la nación ha creado su propio conjunto de problemas.

El Artículo 356 – o "mandato presidencial" – por el que se puede disolver o suspender una asamblea estatal a instancias del gobierno central por conducirse de manera "inconstitucional", se ha convertido en uno de los temas de debate más candentes de la Constitución india. Dicho artículo fue incluido para los casos de emergencia en los que un gobierno estatal no se comportara de acuerdo con lo dispuesto por la Constitución. Sin embargo, el único juez de estos comportamientos ha sido el gobierno central. Se considera que en el pasado a menudo se emplearon estas disposiciones de manera indiscriminada, por lo que se están dando pasos para prever futuros abusos.

Otro ejemplo de una excesiva centralización potencial es el desequilibrio entre las facultades de recaudación asignadas a la Unión y los estados, en vista de las responsabilidades socioeconómicas que cada uno debe cumplir. La Constitución regula detalladamente las relaciones legislativas y administrativas entre la Unión y los estados, así como la distribución de los ingresos entre ellos. La Unión ha sido investida con una autoridad legislativa y ejecutiva con un campo de operación mayor del que se puede encontrar en la mayoría de las otras constituciones federales.

Entre el orden estatal y el municipal existe un desequilibrio de ingresos y responsabilidades similar al que se da entre la Unión y los estados. Aunque la Constitución confiera estatus constitucional al orden municipal, aún queda por determinar su funcionamiento "autónomo". Los organismos municipales –conocidos en las áreas rurales como "Panchayats"– no cuentan con respaldo financiero ni con la experiencia necesaria para potenciar al máximo su autoridad. Sin embargo, un resultado positivo del orden municipal es que, debido a que la Constitución reserva cierto número de escaños para las mujeres y las castas y tribus especificadas, estos grupos tradicionalmente desfavorecidos han adquirido experiencia. Por tanto, están en posibilidad de buscar la forma de participar en el orden estatal y nacional.

Se podría pensar que la Constitución india propicia una unión cooperativa de estados, más que un sistema de gobierno dual. Parecería que la planeación de la movilización y el empleo más eficaz y equilibrado de los recursos para el desarrollo social y económico del país en su conjunto forma ya parte integral de este concepto. Debido a la asignación de recursos financieros y la planificación central, el papel desempeñado por la Unión se ha extendido a áreas que antes eran del dominio exclusivo de los estados. Por otro lado, la redistribución de responsabilidades mediante la transferencia de competencias de la Unión a los estados, y de los estados a los Panchayats, facilita la consecución de los objetivos de la Constitución: unidad, justicia social y democracia. Todo esto indica que se están dando pasos hacia el federalismo cooperativo.

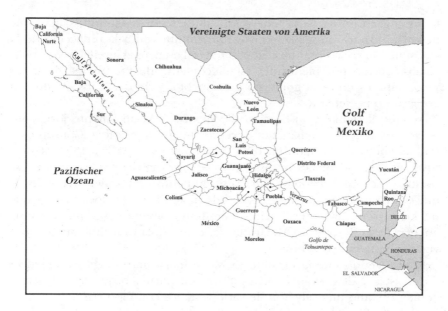

México:
federalismo en la transición democrática

JUAN MARCOS GUTIÉRREZ GONZÁLEZ

Durante el siglo XX, la historia del federalismo mexicano se caracterizó principalmente por la centralización, que empezó a encontrar resistencia alrededor de 1982, gracias a las demandas y políticas de descentralización gubernamental, democratización política y liberalización económica. Las disposiciones de la Constitución vigente – la Constitución de 1917 – reflejan claramente los problemas e inquietudes primordiales que prevalecieron en México en el pasado, y que aún se encuentran entre nosotros en el presente. Algunos de estos temas son el poder absoluto del presidente, la descentralización y el establecimiento de un sistema verdaderamente federal. Hoy en día, México se esfuerza por definir su propia versión de federalismo y por acabar con la fuerza centrípeta que ha dominado la vida nacional.

> México tiene una larga historia de centralismo que se remonta a las civilizaciones azteca y maya pasando por la época colonial.

México tiene una larga historia de centralismo que se remonta a las civilizaciones azteca y maya pasando por la época colonial. Aunque en 1824 los artífices de la primera Constitución federal de México no poseían una visión a gran escala de la federación, durante su redacción, sabían que deseaban evitar. Entre los motivos que condujeron a la redacción de la Constitución y a adoptar un régimen federal estaban la intención de abolir el absolutismo por medio del establecimiento de un sistema de pesos y contrapesos entre el gobierno y el pueblo, y de dar a los estados un gobierno representativo.

Aunque la actual Constitución de México es relativamente joven, sus principios federales emanan directamente de la primera Constitución federal que entró en vigor en 1824. Sin embargo, de 1836 a 1854, México tuvo una Carta Magna centralista, pero las experiencias vividas durante ese periodo fueron el detonante del resurgimiento de las ideas federalistas, que culminaron con la Constitución federal de 1857. Este documento – que no logró frenar la centralización – continuó vigente hasta que, a consecuencia de la Revolución Mexicana, se redactara la Constitución de 1917, vigente hasta el día de hoy.

Los vencedores de la Revolución Mexicana tuvieron algunos objetivos federalistas y democráticos manifiestos, en parte porque la revolución comenzó como una rebelión de varios estados contra el régimen centralizado y dictatorial de Porfirio Díaz. Sin embargo, bajo el modelo federal enmarcado por la Constitución, los poderes legislativo y judicial del gobierno federal han estado básicamente supeditados al vasto poder del ejecutivo. De 1920 a 1995, el sistema federal se caracterizó por la centralización constitucional del poder en manos del gobierno federal, en considerable detrimento de las facultades de toma de decisión de los estados y municipios. Este sistema trajo consigo un fenómeno sociopolítico que distinguió la vida política de México durante el siglo XX: el poderoso sistema presidencialista.

Además, un solo partido político – el Partido Revolucionario Institucional (PRI) – ejerció un control prácticamente monopólico sobre el acontecer político nacional. Desde su fundación en 1929, hasta 1989, el PRI controló la presidencia, el Congreso de la Unión, los 31 gobiernos estatales, el Distrito Federal, y la mayor parte de los 2,448 gobiernos municipales del país. Este partido perdió la presidencia por primera vez en 2000, después de que los partidos de oposición lograran controlar un buen número de gobiernos estatales y municipales.

México vive hoy una serie de acontecimientos políticos nunca antes vistos, como la creciente formación de asociaciones entre municipios y la denominada Conferencia Nacional de Gobernadores (CONAGO), que promueven y exigen la recuperación de la autonomía política y financiera, perdida a lo largo de siete décadas. El tema prioritario de estas asociaciones, y de la mencionada Conferencia, es el federalismo fiscal. Aunado a esta conjunción, encontramos un creciente activismo de los legisladores de ambas cámaras del Congreso. Tienen varias propuestas de reforma constitucional desde distintos puntos de vista, pero todas coinciden en la intención de replantear el modelo federal. Algunos cambios sugeridos incluyen restringir – posiblemente de manera sustancial – las facultades del presidente de la república y fortalecer la noción de México como república federal con una definición más clara de los tres órdenes de gobierno.

La estructura de la Constitución se fundamentó en la división de los tres poderes: ejecutivo, legislativo y judicial; y en los tres órdenes de gobierno: federal, estatal y municipal. Mientras que la Constitución estableció un sistema federal con facultades sustanciales – que en principio residen en los estados – el documento también instituyó un estado de bienestar profundamente secularizado que en gran parte se encuentra dentro del ámbito del gobierno federal, cuya autoridad para intervenir en materia de comercio nacional e internacional, agricultura, suministro de alimentos, empleo, atención a la salud, educación y energía, entre otras, facilitó la centralización, y en el cual, la propiedad de la tierra y los recursos naturales fomentó una economía altamente nacionalizada. Las características del sistema mexicano se asemejan a las del federalismo cooperativo que – en la práctica – terminaron por fortalecer en buena medida la esfera federal, en detrimento de los estados y municipios, y socavando el federalismo como tal.

Además, en México, la distribución de las facultades y responsabilidades intergubernamentales concurrentes, dispuestas por la Constitución, no resulta clara ni suficiente, y ha sido fuente de incertidumbre, conflictos, duplicidad, además de provocar la centralización de grandes espacios de la vida nacional. Los defensores del cambio han dicho que se deberían redefinir y enlistar las responsabilidades federales, estatales y municipales en la Constitución.

Otro debate que tiene lugar en México es si se debe o no modificar el Senado para que se sea un organismo verdaderamente representativo de los estados, y si todos o algunos de sus miembros deben pertenecer a los poderes legislativos estatales.

Un último punto por considerar para que las principales medidas adoptadas favorezcan el funcionamiento apropiado del federalismo, es el de conceder a todos los órdenes de gobierno la posibilidad real de generar la mayoría de los recursos financieros que requieren. Este paso enmendaría la actual centralización fiscal, que ha hecho que los estados dependan casi totalmente de las transferencias federales.

Nigeria:
la necesidad de un buen gobierno

IGNATIUS AKAAYAR AYUA

Nigeria nació en 1900, como Protectorados Británicos de Nigeria del Norte y del Sur y de la Colonia de Lagos. Estas unidades se amalgamaron bajo una única administración británica en 1914 y, desde entonces hasta 1954, Nigeria fue gobernada como Estado unitario. Ésta es una historia familiar para los estudiosos del imperialismo europeo: el nuevo Estado – Nigeria – no fue creado por la unión voluntaria de unidades políticas previamente existentes, íntimamente relacionadas y en libre concertación, sino impuesta por un poder imperial, sobre un territorio demarcado artificialmente, que alberga una población de pueblos heterogéneos que hasta entonces eran esencialmente desconocidos entre sí. En el contexto del surgimiento de la federación nigeriana, la falta de un ambiente propicio para una verdadera negociación sobre las relaciones entre la federación y los estados explica parcialmente varios de los retos constitucionales que actualmente enfrenta Nigeria, incluyendo la distribución de facultades, la participación en los ingresos, la unidad del poder judicial y los derechos de los "*indigene*".

Aunque formalmente fue gobernada como Estado unitario durante 40 años, Nigeria estuvo compuesta por tres regiones administrativas bien diferenciadas: la Región Occidental, dominada por los yorubas; la Región

Oriental, regida por los igbos; y la vasta Región Norteña, donde prevaleció la clase reinante de los Hausa-Fulani, del famoso califato de Sokoto del siglo XIX. Cuando Nigeria fue transformada en federación bajo la denominada Constitución de Lyttleton de 1954, estas tres regiones fueron las unidades federadas. La última promulgación constitucional de Gran Bretaña relativa a Nigeria – la Constitución de Independencia de 1960 – conservó esta misma estructura federal. Pero desde su independencia, el país ha sido subdividido en cinco ocasiones para dar un total de 36 estados más el Territorio Capital Federal de Abuja.

La historia de la Nigeria independiente ha estado marcada por dos periodos prolongados de gobierno militar – de 1966 a 1979 y nuevamente de 1984 a 1999. Las dos principales constituciones posteriores a la independencia – la de 1979 y la de 1999 – fueron redactadas en el país bajo regímenes militares, antes de que las riendas del poder fueran devueltas a los ciudadanos.

La Constitución de 1979 cambió importantemente la forma de gobierno en Nigeria. Remplazó el estilo de gobierno de gabinete heredado de los británicos, por un sistema presidencial al estilo estadounidense; instituyó a los gobiernos locales como tercer orden de gobierno y promovió una robusta estructura federal para reducir las tensiones étnicas al tomar en cuenta las diferencias entre los grupos étnicos nigerianos. La Constitución vigente, que entró en vigor el 29 de mayo de 1999, fue el resultado de un proceso de transición encabezado por el gobierno militar del general Abdusalami Abubakar y, salvo ajustes menores, es igual a la de 1979. La Constitución de 1999 se ha mantenido en vigor durante más de cinco años – superando a todos sus predecesoras poscoloniales – y ha sobrevivido a su primera prueba importante: la celebración de los comicios generales nacionales de 2003, que resultaron en grandes renovaciones en las legislaturas federales y estatales, y en cambios de régimen de muchos gobiernos estatales y locales.

> La Constitución de 1999 se ha mantenido en vigor durante más de cinco años – superando a todos sus predecesoras poscoloniales – y ha sobrevivido a su primera prueba importante: la celebración de los comicios generales nacionales de 2003.

A pesar de los esfuerzos de quienes hicieron la Constitución por consolidar las estructuras federalistas, la balanza del poder en Nigeria aún se inclina a favor del gobierno central. Lo anterior se explica por dos factores primordiales: los largos mandatos ejercidos por una cadena de mando militar unificada y el control ejercido por el gobierno central sobre el recurso económico más importante del país – el petróleo. La fuerza del gobierno central ha provocado profundos resentimientos entre aquéllos que consideran que los estados son demasiado débiles. Muchos piensan que la corrupción a gran escala y los malos manejos gubernamentales de los recursos, que ahora resultan evidentes, se deben a la concentración de poder en el centro. En consecuencia, se han hecho llamados a una mayor transferencia de facultades a las unidades constitutivas de la federación.

La participación en los ingresos federales se ha convertido en un asunto polémico. Recientemente, el gobierno federal tuvo que solicitar a la Suprema Corte una interpretación constitucional sobre la cuantía de los beneficios que podían obtener los estados "litorales" – los estados que bordean el Golfo de Guinea – de los recursos petroleros submarinos del país, con base en el principio de derivación. Las fricciones que ocasionó la agitación por el control de los recursos, aunado a la falta de comprensión de los mecanismos flexibles para compartir los recursos naturales entre el gobierno federal y los otros órdenes de gobierno, han exacerbado el problema.

Además, la distorsión de algunos principios federales establecidos por la estructura de mando militar y la necesidad de proteger al sistema jurídico de la interferencia política han resultado en un poder judicial centralizado o unitario en un Estado federal. Aunque este arreglo es antitético al federalismo, se cree de forma generalizada que es la panacea para salvaguardar al poder judicial de las presiones monetarias y las penetrantes influencias que, de otro modo, habrían ejercido los gobiernos estatales.

También conviene enfatizar que los nigerianos han abusado de las disposiciones constitucionales relativas a la "condición de indigene", en detrimento del goce de derechos ciudadanos en el país. La palabra "*indigene*", acuñada por los nigerianos, se emplea para definir a los nativos de un lugar en particular, con relación a los ciudadanos que han llegado más recientemente a dicha localidad. Los efectos adversos de la deliberada política de apoyo a los indigenes – en oposición a los "colonos"- han sido perjudiciales para los esfuerzos de edificación de un país fuerte y unido.

La democracia nigeriana aún es frágil y, en gran medida, regida por sus crisis. Dichas crisis se atribuyen principalmente al pobre manejo de los diversos mecanismos de construcción de consensos y de resolución de conflictos que se encuentran en la Constitución. A pesar de que el sistema federal no haya sido negociado libremente, hay motivos de esperanza porque entre los muchos y diversos grupos étnicos nigerianos tradicionalmente ha existido una inclinación hacia la armonía. Incluso las discrepancias actuales giran primordialmente en torno a la distribución de los recursos nacionales, aunque que se emplean los factores étnicos y religiosos como cortinas de humo.

Nigeria necesita desesperadamente un buen gobierno y un liderazgo receptivo, pues repetidamente ha sido muy mal evaluada en los informes del Índice de Desarrollo Humano de las Naciones Unidas, particularmente en lo que se refiere a la erradicación de la pobreza y la mejora de la calidad de vida de la población. El mayor objetivo del gobierno deberá ser el perfeccionamiento de las políticas y estrategias que den marcha atrás a esta preocupante tendencia; de lo contrario, peligrará la gobernabilidad constitucional con cualquier modelo de federalismo, sin importar qué tan ingeniosamente haya sido concebido.

Rusia: federalismo en estado de cambio

MARAT SALIKOV

Desde el colapso de la Unión Soviética, Rusia se ha esforzado por construir un sistema político democrático, una economía de mercado y una verdadera estructura federal que reemplacen los estrictos controles políticos y económicos de su periodo comunista. Rusia no es tan sólo el país más grande del mundo, sino que también tiene uno de los sistemas federales más complejos. La Federación de Rusia consta de 89 unidades constitutivas, comúnmente conocidas como los "sujetos de la federación", que se dividen en seis categorías distintas: repúblicas, territorios, regiones, áreas autónomas, regiones autónomas y ciudades federales. El federalismo ruso combina el etnofederalismo con el federalismo territorial. La Constitución vigente en la Federación de Rusia data de 1993 y los acuerdos federales se mantienen dinámicos.

En Rusia, el federalismo se instituyó formalmente por primera vez en la Constitución federal de 1918. El acontecimiento más significativo de la era soviética fue la incorporación de la República Socialista Federada Soviética Rusa (RSFSR) a la Unión de Repúblicas Socialistas Soviéticas (URSS), proclamada oficialmente en 1922. A pesar de su compromiso declarado con el "federalismo socialista", la URSS era un Estado bastante unitario. El país se basó en un sistema político unipartidista, enraizado en la ideología marxista leninista, con énfasis en el "centralismo democrático", una economía planeada desde el centro y una maquinaria de estado fuertemente represiva. Lo que se decía de la URSS era igualmente cierto para la RSFSR: el federalismo era más una pretensión que una realidad.

A principios de la década de 1990, después de la disolución de la URSS, se enmendó la Constitución federal para eliminar el término "autónomo" del nombre oficial de las repúblicas – el título de RSFSR se reemplazó por el de "Federación de Rusia" – y los territorios, regiones y ciudades federales fueron reconocidos como miembros de la nueva federación. Sin embargo, bajo el Tratado de la Federación tripartito de 1992, firmado por las autoridades federales y todas las unidades constitutivas de la federación rusa, excepto Chechenia y Tartaria, los nuevos miembros no gozaban de los mismos derechos que las repúblicas. Solamente con la adopción de la

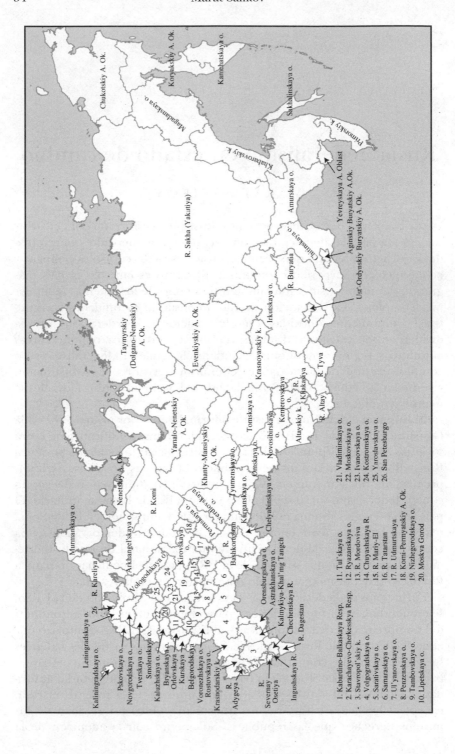

1. Kabardino-Balkaskaya Resp.
2. Karachayevo-Cherkesskya Resp.
3. Stavropol' skiy k.
4. Volgogradskaya o.
5. Sarativskaya o.
6. Samaraskaya o.
7. Ul' yanovskaya o.
8. Penzenskaya o.
9. Tambovskaya o.
10. Lipetskaya o.

11. Tul' skaya o.
12. Ryazanskaya o.
13. R. Mordovina
14. Chuvashskaya R.
15. R. Mariy-El
16. R. Tatarstan
17. R. Udmurtskaya
18. Komi-Permyatskiy A. Ok.
19. Nizhegorodskaya o.
20. Moskva Gorod

21. Vladimirskaya o.
22. Moskovskaya o.
23. Ivanovskaya o.
24. Kostromskaya o.
25. Yaroslavskaya o.
26. San Peteeburgo

Constitución de 1993 – que se mantiene en vigor en Rusia – se reconoció la igualdad de derechos para todos los sujetos de la federación.

Se reconoce a todas las unidades constitutivas de la federación como entidades autogobernadas, un cambio en relación con la era soviética, donde sólo las unidades con base ética eran consideradas "sujetos de la federación". Hoy en día, todas las unidades tienen libertad para adoptar sus propias constituciones o cartas, sin tener que solicitar la aprobación de los organismos federales, como se requería en la época soviética. No obstante, de acuerdo con cláusula de supremacía de la Constitución de la federación, la ley federal tiene precedencia sobre las constituciones subnacionales.

A su vez, la integridad territorial de los sujetos de la federación está garantizada. No se pueden modificar sus fronteras sin su consentimiento, ni sin la aprobación del Consejo de la Federación (una de las dos cámaras del parlamento o Asamblea Federal). Toda unidad constitutiva tiene dos representantes ante el Consejo de la Federación, uno como miembro de su legislatura y otro de su poder ejecutivo. Si el gobierno federal desafía su autoridad, la unidad constitutiva puede solicitar la protección del Tribunal Constitucional.

Por último, las unidades constitutivas ejercen facultades tanto exclusivas como concurrentes que incluso se extienden a los asuntos exteriores. Las unidades constitutivas pueden suscribir acuerdos económicos internacionales con las entidades constitutivas de otros países, e incluso con naciones extranjeras, con el debido consentimiento de la federación.

El sistema federal de Rusia provino de un Estado unitario y todavía se encuentran vestigios de la tradición unitaria, no sólo en la ley, sino también en la conciencia ciudadana. La tendencia histórica del desarrollo ruso cambió de un Estado excesivamente centralizado durante el imperio ruso y la Unión Soviética/RSFSR, a una federación descentralizada, aunque la política en materia de federalismo del presidente Putin da muestras de una nueva centralización. En la década transcurrida desde la adopción de la Constitución federal, el avance de Rusia hacia la institución de una democracia federal ha sido notable, pero persisten algunos retos importantes.

> El sistema federal de Rusia provino de un Estado unitario y todavía se encuentran vestigios de la tradición unitaria, no sólo en la ley, sino también en la conciencia ciudadana.

El trazado actual de los "sujetos de la federación" es un problema que ha sido constante pero que sólo se presentó recientemente e implica la estructura de la Federación de Rusia, de acuerdo con la Constitución adoptada en 1993. Continúa la controversia sobre la simetría o asimetría que debiera tener el federalismo ruso: si todos los sujetos de la federación debieran tener derechos y facultades iguales o si las repúblicas con base étnica debieran gozar de un estatus diferente. También existen las presiones de algunos círculos políticos para aumentar la extensión de las unidades constitutivas y reducir su número, en vista de que muchas unidades de la federación no desarrolladas dependen en gran medida de los subsidios federales.

La división constitucional de poderes entre el gobierno federal y las unidades constitutivas también genera inquietudes, en especial por la implementación de las facultades concurrentes. En teoría, el ejercicio de estas facultades debería suponer un marco legislativo del gobierno federal, aunado a una reglamentación más detallada por parte de las unidades constitutivas, acorde con las condiciones locales. Sin embargo, en la práctica, las directrices planteadas por las leyes federales a menudo se han vuelto legislaciones detalladas que casi no dejan margen de acción para los legisladores locales.

Los intentos del gobierno central por nivelar las relaciones entre la federación y las regiones (fortaleciendo las relaciones verticales) podrían conducir a un federalismo altamente centralizado, aunque la resistencia a la centralización se ha consolidado en ciertas partes de la federación, entre ellas, Bashkiria, Saja, Sverdlovsk y Tartaria.

El reto más difícil que encara el sistema federal ruso es la crisis chechena – conflicto armado de grandes proporciones en territorio ruso, desatado por la autoproclamación de independencia de la República Chechena, a pesar de que la Constitución federal no prevea la secesión. Esta declaración ha llevado a dos guerras (intervenciones federales), una entre 1994 y 1996, y otra de 1999 a 2000. Incluso ahora, las unidades separatistas continúan luchando contra las fuerzas federales y organizando ataques terroristas. A pesar de las hostilidades, en la primavera de 2003, los votantes de un referendo en Chechenia adoptaron una Constitución republicana y las leyes que rigen la elección del parlamento y el presidente de Chechenia. Las nuevas elecciones parlamentarias están programadas para la primavera de 2005, y el presidente Putin ha expresado su deseo de firmar un acuerdo con los funcionarios recién electos de la República Chechena para enmendar la división de poderes entre el gobierno federal y la República de Checheno – Ingush.

A pesar de estos problemas, la Constitución federal es inmensamente superior a sus predecesoras, y una combinación de enmiendas constitucionales e interpretaciones del Tribunal Constitucional podrán contrarrestar las deficiencias que la aquejen.

Sudáfrica: el compromiso negociado

NICO STEYTLER

Después de tres siglos de dominio colonial y racial, en 1996 Sudáfrica adoptó una nueva Constitución que establecía una democracia no racial. La transición de gobierno de las minorías a gobierno mayoritario fue una "revolución negociada". La nueva Constitución presenta algunas características federales; no obstante, asegura el dominio del gobierno central. Aunque se instauraron nueve provincias, ni la Constitución, ni las discusiones y debates políticos que se dieron antes y después de su redacción, emplearon la palabra "federalismo" aplicada al sistema federal sudafricano. Sin referencia escrita a sí mismo como país federal, el debate sobre la índole del nuevo Estado sudafricano continúa.

El propósito de la Constitución era liberar y dar el poder a la mayoría oprimida para rectificar las injusticias del pasado. Aunado a este objetivo, estaba la voluntad de unificar un país históricamente dividido por cuestiones raciales y étnicas. La empresa de edificar una nación se basó en el impulso individualista de los derechos humanos que trascendería las viejas disputas raciales, estableciendo una república que – de acuerdo con el preámbulo de la Constitución de 1996 – "pertenece a todos los que viven en ella, unidos en nuestra diversidad".

El sistema descentralizado actual fue producto de la negociación – un juego de estira y afloja desde dos puntos de partida opuestos: centralismo y federalismo. Los defensores del federalismo argumentaron que, dado el carácter altamente centralizado del gobierno previo a 1993, la nueva Constitución debería garantizar que ningún gobierno nacional centralizado pudiera imponer sus condiciones a todo el país. Arguyeron que una dispersión más grande de facultades brindaría mayores garantías a la democracia. Los que abogaban por el centralismo – representados principalmente por los movimientos de liberación – afirmaban que para poder llevar a cabo el importante proceso de transformación era necesario tener un fuerte gobierno centralizado y sostenían que éste sería el único medio posible para cambiar las condiciones de vida de los que antes habían sido excluidos.

> Los elementos federales que eventualmente se incorporaron a las constituciones de 1993 y 1996 fueron el resultado del toma y daca del proceso de negociación, y el Estado que surgió debe ser visto como un acuerdo negociado, no como el producto de una sola y clara visión.

Sudáfrica adoptó dos constituciones en la década de 1990 – una interina, aceptada a raíz de las negociaciones de 1993 – y una permanente, que entró en vigor en 1996, dos años después de las primeras elecciones no raciales del país, que se llevaron a cabo en 1994. Los elementos federales que eventualmente se incorporaron a las constituciones de 1993 y 1996 fueron el resultado del toma y daca del proceso de negociación, y el Estado que surgió debe ser visto como un acuerdo negociado, no como el producto de una sola y clara visión. Tanto la Constitución interina, como la de 1996, articularon dos importantes puntos de partida con respecto a la anterior democracia dividida por motivos raciales. Primero, la Constitución se basó más en la filosofía individualista de la democracia liberal clásica que en la defensa y consolidación de grupos, fueran éstos étnicos, raciales o lingüísticos. Segundo, aunque se establecieron entidades subnacionales, la Constitución resultante evitó una relación competitiva entre dichas unidades y el gobierno central. El foco primordial era la construcción de una nación.

La Constitución sudafricana es interesante para otras federaciones por la forma en que se ha dispersado el poder entre las tres esferas de gobierno (nacional, provincial y local) y por la articulación explícita de ciertos principios de gobierno cooperativo.

Actualmente, Sudáfrica tiene un fuerte gobierno nacional e intenta desarrollar gobiernos locales fuertes. De acuerdo con el marco provincial que establece la Constitución, las provincias deben desempeñar un papel significativo en el gobierno; sin embargo, sus facultades de recaudación son limitadas y 96% de sus ingresos dependen de las transferencias del gobierno central. En el debate ciudadano en curso se cuestiona si se debe fortalecer la estructura de las provincias para que tengan mayor participación en el gobierno, o si se debe debilitar dicha estructura.

Antes de los comicios democráticos de Sudáfrica de 1994, se crearon municipios por estatuto con una organización con base racial. Aunque la Constitución interina incluía un capítulo sobre gobiernos locales, se colocó a los municipios bajo el control directo de las provincias. La Constitución de 1996 cambió de forma radical el concepto de los gobiernos locales como escalafón más bajo, elevándolos a su propia esfera, a la altura de los gobiernos nacional y provincial. Además, dicho documento ordena la instauración de gobiernos locales democráticos en el país entero.

Múltiples factores contribuyeron a este cambio de estatus. Políticamente – en los movimientos de liberación – las comunidades locales desempeñaron un papel importante en la prolongada lucha contra el *apartheid,* dando lugar a un fuerte movimiento civil. Los constituyentes buscaban transformar este movimiento social en una empresa centrada en el desarrollo de las personas. La visión del gobierno local como impulsor del crecimiento también reflejaba teorías modernas de desarrollo, donde el aprovisionamiento de bienes y las iniciativas locales se consideran indispensables para el desarrollo social y económico. Tomando en cuenta que la creación de las provincias fue el resultado de una complicada negociación, el fortalecimiento de los gobiernos locales se realizó a expensas de las provincias.

Aunque la esfera de gobierno local tiene garantizado cierto nivel de autonomía, persiste un grado considerable de supervisión, tanto del gobierno nacional, como de los provinciales. Financieramente, los gobiernos locales son en buena medida autónomos. Tienen las facultades originarias de recaudación en las áreas de impuestos sobre la propiedad y tarifas a los usuarios, y actualmente recaudan 83% de sus ingresos.

La Constitución de 1996 hizo del gobierno cooperativo el cimiento de la descentralización, y ha puesto en términos llanos sus principios rectores. En palabras del Tribunal Constitucional, la Constitución no encarna el "federalismo competitivo", sino el "gobierno cooperativo". Un principio de gobierno cooperativo importante es evitar el litigio para resolver las disputas intergubernamentales. La lógica detrás de este principio es que, cuando sea posible, las controversias deben ser "resueltas a nivel político, más que por medio de litigio acusatorio". Hasta ahora las relaciones entre el gobierno central y las provincias han sido cooperativas más que conflictivas, en gran parte por el dominio de un solo partido en los gobiernos de provincias y municipios.

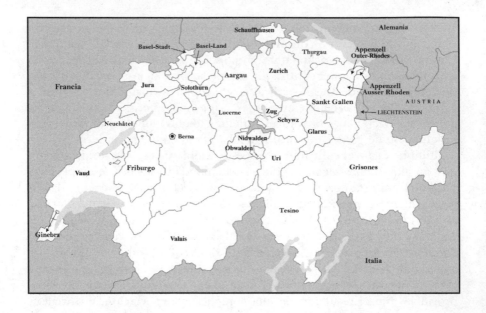

Suiza: crisis de confianza

NICOLAS SCHMITT

La primera Constitución de la Suiza moderna, que data de 1848, es la segunda Constitución federal moderna, después de la de Estados Unidos. Su adopción puso fin a un periodo de incertidumbre durante el cual Suiza pasó por varios sistemas gubernamentales. La Constitución suiza ha respondido bien a las necesidades y expectativas de su gente. Sin embargo, algunas de las razones de su éxito – incluyendo un proceso de toma de decisiones altamente democrático y la promoción de su propia diversidad – plantean ahora una nueva serie de problemas.

El país había sido una confederación laxa de cantones soberanos hasta que en 1798, la invasión napoleónica la transformó en una república "unitaria e indivisible" – a semejanza de Francia. Después de cinco años de rebelión y agitaciones, el Emperador se vio forzado a reinstaurar la estructura descentralizada en Suiza. Después del Congreso de Viena, los cantones – o unidades constitutivas – recuperaron su plena soberanía. Sin embargo, en el contexto de la Revolución Industrial, esta multiplicidad de micro-estados – pertenecientes a una confederación poco unida – era tan poco viable que condujo a una breve guerra civil entre los católicos conservadores secesionistas (los *Sonderbund*) y los cantones protestantes liberales.

El país recurrió a su propia y amplia experiencia al tomar la decisión de adoptar en su Constitución un sistema federal – el único sistema que podría unir exitosamente 25 cantones (hoy 26) con características extremadamente diversas. En efecto, este país – cuyo territorio equivale a menos del uno por ciento del de Estados Unidos – alberga cuatro idiomas nacionales, tres regiones principales y dos religiones mayoritarias; sin mencionar las muchas diferencias sociales entre los cantones. La tradición de regirse mediante un sistema descentralizado que existía desde la primera unión de los cantones en 1291 continuó con la adopción del sistema federal. Por ello se conservó el antiguo nombre del país – la "Confederación Suiza" – aunque ahora Suiza sea una federación, no una confederación. La Constitución ha servido a la delicada tarea de integración. Por su compromiso con la diversidad, creó una *Willensnation* – un país emanado de la voluntad de sus ciudadanos de vivir unidos – en un territorio que parecía poco propicio para la formación de un sentimiento nacional.

> Por su compromiso con la diversidad, creó una *Willensnation* en un territorio que parecía poco propicio para la formación de un sentimiento nacional.

Tal como su equivalente estadounidense, la Constitución suiza puso fin a un sistema confederado insatisfactorio. Igual que ella, estableció un parlamento bicameral en el que una de sus cámaras – el Consejo de los Estados – representa a los cantones miembros y está compuesto por dos representantes de cada uno. Finalmente, también como la Constitución de EE. UU., ha resistido la prueba del tiempo. Aunque ha sufrido dos revisiones completas – una en 1874 y otra más reciente, en 1999 – además de 120 enmiendas aprobadas por una mayoría a nivel federal y en la mayoría de los cantones, las instituciones que estableció originariamente y los procedimientos que dispuso son esencialmente los mismos.

Sin embargo, la Constitución suiza se aparta de la estadounidense en varios aspectos, puesto que se ha tenido que adaptar a la diversidad política, económica, social y cultural entre los cantones y dentro de ellos. Con este fin, establece un ejecutivo colectivo único, llamado Consejo Federal, compuesto por siete miembros de cantones diferentes, electos por ambas cámaras del Parlamento por un periodo fijo de cuatro años. El Consejo permite que la variada composición del país esté representada. El presidente de Suiza simplemente es uno de los miembros del Consejo Ejecutivo elegido por el Parlamento, puesto que se rota de forma anual.

El sistema suizo ha dado estabilidad al país desde 1848, sin cerrarle el paso a las innovaciones. Ha distribuido el poder de manera delicada, dividiéndolo entre todos los actores políticos de un país largamente acostumbrado a un sistema de cantones, municipios y democracia directa. Esta forma de democracia supone la participación de la ciudadanía en las decisiones gubernamentales, usualmente a través de consultas ciudadanas y referendos y, en ocasiones, mediante el voto directo sobre alguna legislación. Aunque algunas facultades federales se han expandido, en general se han restringido a través del federalismo y la democracia directa, haciendo de Suiza uno de los países más democráticos del mundo.

Sin embargo, el precio de estos logros es la constante búsqueda de consenso entre todas las partes, lo que hace lento y difícil el proceso de toma de decisiones, donde los acuerdos se consideran un activo, no una debilidad. Así, aunque la Constitución ayudó a Suiza a sobrellevar las guerras internacionales y la agitación social del siglo XX, el principio del siglo XXI ha sacudido lo que tradicionalmente se pensaba eran certezas. Parecería que los líderes políticos se hubieran enfocado en manejar el equilibrio institucional interno, mientras desatendían los retos económicos e internacionales relacionados con la globalización y la migración de extranjeros y solicitantes de asilo.

La adición de diez nuevos países a la Unión Europea, el 1° de mayo de 2004, hizo de Suiza, más ahora que nunca, una isla o un agujero en el corazón del continente. En consecuencia, ese mismo mes las autoridades suizas y la Unión Europea (UE) firmaron una segunda serie de acuerdos bilaterales. Lo prolongado y complejo del proceso demostró no sólo lo delicadas que son las negociaciones bilaterales, sino también cuánto depende Suiza de la UE.

Estos no son los únicos asuntos que alteran la célebre estabilidad del país. Los comicios federales de octubre de 2003 marcaron tanto un cambio hacia la derecha, como una polarización del ambiente político nacional. La elección trajo consigo el primer cambio en la composición partidista del Consejo Federal desde 1959, cuya solidez había sido hasta entonces tan inquebrantable que la base de la representación partidista era conocida como la "fórmula mágica". Ahora, el cambio en el equilibrio de los partidos gobernantes plantea cuestionamientos sobre la relación del Consejo Federal con el Parlamento, y si el Consejo debería ser elegido directamente, en vez de que lo designe el parlamento.

Un asunto más es la decisión de los cantones de habla germana de promover la enseñanza de inglés antes que de francés en la educación obligatoria, lo cual podría socavar la cohesión nacional.

En los años por venir, los constitucionalistas, políticos y ciudadanos estarán dados a la tarea de buscar soluciones a estos retos políticos importantes. Denis de Rougemont, uno de los más destacados eruditos europeos del siglo XX en el tema del federalismo, elogió el modelo suizo por haber creado un "pueblo satisfecho" y forjado la unidad nacional, al promover su diversidad. Pero, ¿podrán los complejos procesos de toma de decisiones – diseñados para llegar a consensos entre los diversos grupos suizos – brindar una solución o probarán ser ellos mismos su principal obstáculo?

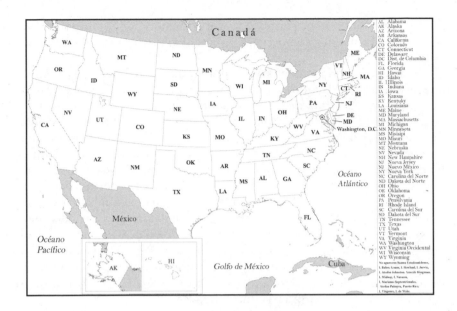

Estados Unidos:
Constitución perdurable, desafíos nuevos

G. ALAN TARR

A lo largo de su exitosa historia, la Constitución de Estados Unidos ha sido inspiración y modelo para democracias federales emergentes en todo el mundo. Ha probado tener capacidad de respuesta a los retos en el pasado – incluyendo una desgarradora guerra civil. Ahora, más de doscientos años después de haber sido escrita, la Constitución de EE. UU. enfrenta otra serie de desafíos.

Uno de las cuestiones más importantes a resolver es de qué manera tiene cabida la globalización en el sistema constitucional, como se puede ilustrar con los casos de la suscripción del Tratado de Libre Comercio de América del Norte (TLCAN) y la agresiva participación estatal en la política comercial. El manejo, dentro del sistema constitucional, de las diferencias entre los estados en temas morales cruciales – como el matrimonio de parejas del mismo sexo, la pena de muerte y el aborto – es una constante fuente de polémica. ¿Se trata de derechos fundamentales y, por ello, se debe adoptar un criterio nacional único, o son materias en que la diversidad entre los estados está garantizada constitucionalmente? Otra preocupación es cómo garantizar a los estados un papel apropiado dentro del sistema constitucional, como se refleja en los debates sobre

los recientes fallos de la Suprema Corte en materia de inmunidad de la
soberanía y facultades comerciales para salvaguardar la "dignidad de los
estados".

Mientras los retos actuales siguen poniendo a prueba la capacidad de
la Constitución de Estados Unidos para adaptarse al cambio, la historia
nos enseña que se trata de un documento notablemente perdurable.

Creada en 1787, después del fracaso de los Artículos de la Confederación – el primer documento constituyente del país –, la Constitución
ha perdurado más de dos siglos. Durante este periodo, Estados Unidos
ha cambiado radicalmente: de trece estados concentrados a lo largo de
la costa atlántica, pasó a tener 50 estados a lo ancho de todo el continente (y más allá, en el caso de Hawai); de ser una nación relativamente
homogénea con unos cuantos millones de habitantes, a un país lleno
de contrastes con más de 270 millones de personas, y de un país débil
militar y económicamente, a una superpotencia. Pero aun cuando todos
estos cambios tuvieron lugar dentro de los límites impuestos por la Constitución, en más de 200 años sólo ha sido enmendada en 27 ocasiones.
¿Qué explica su extraordinaria durabilidad?

En parte, la respuesta radica en los orígenes de la Constitución. El
movimiento que le daría lugar surgió menos de una década después de
su independencia de Gran Bretaña, como reac-
ción a las deficiencias de los Artículos de la
Confederación, que fracasaron tanto en el
impulso a la prosperidad económica – el país
sufría las barreras al comercio interno –, como
en la protección de derechos contra la ley de la
calle, dentro y fuera de las asambleas legislativas
estatales. Además, dicho documento no produjo
un gobierno con la fortaleza necesaria para que
Estados Unidos desempeñara un papel en el
escenario mundial. Los padres de la patria
pusieron remedio a estos problemas confiriendo
mayores facultades al gobierno federal y otor-
gándole capacidad de actuación directa sobre
los ciudadanos. Este paso de un gobierno confederado que actuaba sobre sus unidades constitutivas, a un gobierno federal que actúa directamente sobre los individuos, significó una
innovación importante en la teoría federal que influiría sobre sistemas
federales posteriores.

> Este paso de un gobierno confederado que actuaba sobre sus unidades constitutivas, a un gobierno federal que actúa directamente sobre los individuos, significó una innvación importante en la teoría federal que influiría sobre sistemas federales posteriores.

La Constitución resolvió muchos problemas, pero no afrontó el problema de la esclavitud, que dividió al Norte y al Sur. Algunos fundadores
pensaban que la esclavitud era ineficiente desde el punto de vista
económico, y tenían la expectativa – o al menos la esperanza – de que

desaparecería gradualmente. Otros temían que las confrontaciones en torno a este tema dividieran a la unión, lo cual estuvo próximo a suceder.

La Guerra Civil, en sí misma fue, en parte, un conflicto de orden constitucional. El Sur insistía en que los estados tenían el derecho a ordenar sus asuntos internos (incluyendo si debía o no haber esclavitud), mientras que el Norte sostenía que los acuerdos constitucionales relativos a la esclavitud eran temporales y que el documento debería ser interpretado a la luz de los principios de la Declaración de Independencia, haciendo referencia a la célebre línea: "Sostenemos como evidentes estas verdades: que todos los hombres son creados iguales; que son dotados por su Creador de ciertos derechos inalienables; que entre éstos están la vida, la libertad y la búsqueda de la felicidad." Además, el Sur concebía a la unión como un pacto entre los estados, donde cada estado tenía el derecho de retirarse del pacto si así lo deseaba; en tanto que el Norte la interpretaba como una unión indisoluble del pueblo, incluso si se organizaba en estados. Mientras que la unión sí se mantuvo, y la unidad del país no ha sido seriamente amenazada desde la Guerra Civil, la Constitución sufrió importantes transformaciones en sus albores. Si bien es cierto que las enmiendas adoptadas después de la Guerra Civil han tenido un efecto "nacionalizante", ninguna de ellas ha impedido la diversidad federal.

El éxito de la Constitución de EE. UU. se debe, en parte, a la consideración de valores comunes – por un lado – y a la flexibilidad de interpretación y participación estatal por el otro. Un aspecto distintivo de este documento es la falta de detalle en muchas (aunque no todas) de sus disposiciones. Esta generalidad le concede cierto "margen de maniobra", que permite a las futuras generaciones desempeñar un papel en el diseño constitucional. Cuando uno compara la Constitución federal de Estados Unidos con las de otras democracias federales, también queda asombrado por el hecho de que deje un buen número de decisiones de gobernanza a los estados. Cada orden de gobierno es esencialmente responsable del diseño de sus propias instituciones y de la recaudación de sus ingresos, y la Constitución no prescribe un sistema de transferencia de pagos. Asuntos como gobierno local, educación, salud y vivienda – temas tratados en las constituciones federales de la mayoría de los países – no reciben mención explícita en el citado documento, aunque las constituciones estatales los aborden de forma pormenorizada. Sin embargo, esta falta de especificaciones no impide que el gobierno federal actúe de manera eficaz.

A pesar de que la Constitución sólo confiere facultades limitadas al gobierno federal, estas facultades le permiten desempeñar las funciones constitucionalmente prescritas y tiene todas las atribuciones "necesarias y convenientes" para ejecutarlas. Por otra parte, el gobierno federal retiene la autoridad de legislar para los individuos, por lo que no depende de los gobiernos estatales para ejecutar sus políticas. Además, el gobierno federal ha extendido sus facultades de manera considerable. Una interpretación amplia de las atribuciones federales – como la de regular el comercio –, combinada con el ejercicio de su facultad de gasto para la consecución de metas inalcanzables directamente mediante las potestades concedidas al gobierno federal, han contribuido a este aumento. Esta expansión federal no significa necesariamente una disminución de las responsabilidades estatales; más bien, refleja el hecho de que la esfera de responsabilidades se ha ampliado en todos los órdenes de gobierno.

Análisis comparativo

G. ALAN TARR

La Constitución de cada nación es, hasta cierto punto, única. Refleja la historia, la cultura y la población de un país. No obstante, como se ha expuesto en los artículos anteriores, también existen coincidencias significativas entre las diferentes constituciones. En muchos casos, las similitudes observadas en dichos documentos provienen del designio, no de la casualidad. Debido a que la redacción de una constitución representa el máximo ejercicio de decisión política, se recomienda a los constituyentes que emprendan la tarea con la mayor amplitud de miras posible. Es común, por lo tanto, que los países que están en el umbral de nuevos regímenes constitucionales presten atención a las experiencias de otros países – aprendan de sus éxitos o de sus fracasos y adopten algunos de sus elementos – y adapten este aprendizaje a las circunstancias propias de su país. Difícilmente podríamos exagerar la importancia que tiene este proceso de aprendizaje, préstamo y adaptación para la discusión informada en materia constitucional. Al presentar una instantánea de los acuerdos y el desarrollo de las constituciones en 12 democracias federales, estos artículos sirven de guía a ciudadanos y funcionarios públicos tanto para el diseño como para el ejercicio constitucional en sistemas políticos de esta naturaleza.

En parte, los elementos comunes en las diversas constituciones son el reflejo de la particular función que desempeñan en la vida política de un país. Una Constitución plasma las decisiones fundamentales de una nación en relación con el gobierno, y en algunos países – Brasil, Sudáfrica y Estados Unidos, por ejemplo – su concepción es fuente de orgullo y símbolo de unidad nacional para los ciudadanos. La Constitución también establece cargos y especifica cómo se deben ocupar. Asigna competencias a las distintas dependencias y señala las metas en el ejercicio del poder político. En la mayoría de los países, también acota el ejercicio del poder gubernamental, particularmente a través de la seguridad de derechos contra violaciones gubernamentales.

Cuando un país adopta un sistema federal, las tareas de la Constitución de la federación se multiplican: además de las funciones ya mencionadas, determina las unidades constitutivas de ese sistema federal. Y podrá establecer dos órdenes de gobierno, como en Alemania y Estados Unidos, con gobiernos locales formados y controlados por cada gobierno constitutivo. O podrá instituir un sistema federal de tres órdenes, como los de Nigeria, Rusia y Sudáfrica, otorgando cierto estatus constitucional a los gobiernos locales y garantizándoles determinadas facultades. Incluso podría concebir variaciones más complejas, como la doble federación de comunidades lingüísticas y unidades territoriales de Bélgica.

La Constitución federal también determina el papel que deberán desempeñar las unidades constitutivas en la estructura y operación del gobierno nacional. En la mayoría de los sistemas federales, las unidades constitutivas participan en el proceso de enmienda constitucional, como lo ejemplifican los casos de Australia y Suiza, donde las reformas deben ser aprobadas en un referendo por la mayoría de los votantes a nivel nacional y, por mayoría también, en la mayor parte de los estados. Varios sistemas federales aseguran, además, un papel más amplio a sus unidades constitutivas a través de la institución de una legislatura federal bicameral, donde la cámara alta (federal) representa a las unidades constitutivas de la federación, sobre las que a menudo recae la responsabilidad de elegirla. En efecto, en Canadá y México, los reformadores que promueven el fortalecimiento del federalismo se centran en dar un mayor peso a la cámara federal. Para garantizar la participación de las unidades constitutivas en el gobierno federal, Suiza ha avanzado más que cualquier otro país: estableció un ejecutivo formado por varios miembros y compuesto por los representantes de siete cantones diferentes.

En un sistema federal, la Constitución nacional también determina el rango de discrecionalidad de las unidades constitutivas en la creación de sus propios sistemas de gobierno. El grado de determinación de la forma de gobierno de las unidades constitutivas, los propósitos para los cuales ejercen su poder político y los derechos que deben proteger, varían de un sistema federal a otro. En India y Nigeria, por ejemplo, las Constituciones de las unidades subnacionales no sostienen posturas independientes. Las decisiones sobre la estructura y operación de los gobiernos de las unidades constitutivas están consagradas en la Constitución federal – de la que se puede decir que "incluye" a las constituciones subnacionales – o contenidas en la legislación federal. En contraste, en Australia y Estados Unidos (entre otros casos), las unidades constitutivas conciben y revisan sus propias constituciones. Aunque en Brasil y México los estados también tienen esta posibilidad, varios pormenores de gobierno estatal son prescritos por la Constitución federal. Rusia y Sudáfrica son pioneros en arreglos especiales. Algunas de las unidades constitutivas (repúblicas) rusas están autorizadas para redactar sus propias constituciones, mientras que otras (p.ej., las regiones) sólo pueden establecer estatutos. En Sudáfrica, las provincias pueden adoptar constituciones provinciales aunque no están obligadas a hacerlo y de hecho, sólo una ha aprovechado esta opción (Cabo Occidental).

De forma más general, la Constitución nacional distribuye competencias entre el gobierno federal y los gobiernos constitutivos. Los sistemas federales descritos en este volumen difieren drásticamente en el grado de centralización. Aquellos sistemas comprometidos con la tarea de lograr transformaciones sociales y económicas – como India y Sudáfrica – han tendido a elegir un federalismo altamente centralizado. Las recientes reformas centralizadoras llevadas a cabo en Rusia por el presidente Vladimir Putin muestran lo atractivo que es este modelo para los países que están emprendiendo un cambio fundamental. En contraste, los sistemas federales que procuran dar cabida a la diversidad de sus poblaciones – como Bélgica y Suiza – usualmente han optado por una forma más descentralizada de federalismo. Evidentemente, no existe un grado óptimo de centralización o descentralización; las circunstancias dentro de cada sociedad particular deben ser definitorias. No obstante, resulta interesante que los estudios de Canadá, Alemania y Nigeria, presentados en este volumen, coincidan en señalar los problemas asociados con la centralización excesiva y enfaticen la necesidad de delegar facultades.

Al fijar atribuciones, una Constitución determina cuáles serán prerrogativa exclusiva de cada gobierno y cuáles serán compartidas o concurrentes. La Constitución nacional también define la manera en que deberán ser resueltos los conflictos entre los gobiernos, con respecto a la distribución de poderes. Pero tanto en la concurrencia como en la separación de esferas pueden presentarse ciertos problemas. Cuando se dividen las competencias entre el gobierno federal y las unidades constitutivas, la Carta Magna suele prever un mecanismo de vigilancia para la distribución de autoridad, generalmente un tribunal constitucional o una corte suprema. Los fallos del árbitro judicial pueden alterar radicalmente el equilibrio federal, promoviendo una mayor centralización del poder (como ocurrió en Brasil y, hasta hace poco, en Estados Unidos) o una descentralización más grande (como en Canadá). Más aún, una Constitución que ponga énfasis en esferas separadas para el gobierno federal y los gobiernos de las unidades constitutivas puede desalentar los tipos de coordinación intergubernamental necesarios para enfrentar distintos problemas, como se señaló en el estudio de la Constitución de Brasil. Sin embargo, aunque las facultades sean compartidas (concurrentes), puede existir un dominio federal sobre la formulación de políticas. La mayoría de los sistemas federales reconocen la supremacía de la ley federal sobre aquéllas de las unidades constitutivas, lo que impone un modelo jerárquico a los arreglos cooperativos. Aunque usualmente la instauración de facultades concurrentes estaba destinada a permitir al gobierno federal fijar los marcos legislativos, al tiempo que garantizaba una discrecionalidad significativa para las unidades constitutivas dentro de dichos marcos, en la práctica – como sugieren las experiencias de Rusia y Sudáfrica- una legislación federal detallada puede dejar poco margen a las iniciativas de los gobiernos constitutivos. La tendencia hacia la supremacía federal puede ser particularmente intensa en los sistemas donde el gobierno nacional domina la recaudación y distribución de los ingresos fiscales, como sucede en Alemania e India.

Los autores de una Constitución pueden establecer una división de autoridad entre el gobierno federal y las unidades constitutivas, pero dicha separación probablemente evolucionará con el tiempo, en respuesta a los acontecimientos que se den tanto en el país, como más allá de sus fronteras. Diversos factores generales han contribuido – y seguirán contribuyendo – a las transformaciones en las constituciones y los sistemas federales sujetos a ellas y han dado origen a nuevas constituciones o cambios dentro de los arreglos existentes. Algunos de los acontecimientos más importantes han sido de índole económica, puesto que las constituciones federales han intentado adaptarse y manejar la transición de economía local a nacional y, más recientemente, a la globalización. Los cambios políticos también han tenido un impacto significativo. El desarrollo de la Unión Europea ha producido efectos radicales en las federaciones europeas, y la democratización ha dado ímpetu a las nuevas o reanimadas federaciones de África, del antiguo bloque soviético y de América Latina. Por último, el resurgimiento de lealtades étnicas, lingüísticas y religiosas ha planteado desafíos para prácticamente todos los sistemas federales, que intentan combinar unidad con diversidad.

Algunas democracias federales maduras – Australia e India, por ejemplo – han dado vida a constituciones perdurables que no han necesitado reformas sustanciales. Estados Unidos también podría entrar en esta categoría, si su historia no hubiera sido marcada por una guerra civil y por los cambios constitucionales que surgieron a raíz este conflicto. Otra antigua democracia federal, Suiza, adoptó una nueva Constitución en 1999, pero lo logró manteniendo sus fundamentos constitucionales.

Los órdenes constitucionales de otras democracias federales maduras han tenido que enfrentar nuevos retos. Tras la reunificación, Alemania tuvo que lidiar con el rezago económico de los "nuevos *Länder*", lo que condujo a un nuevo análisis de la estructura federal y, de forma particular, del sistema de nivelación fiscal. En Canadá, el surgimiento de sentimientos separatistas en Quebec llevó en las décadas de 1980 y 1990 a una política "mega constitucionalista" en la que los canadienses debatieron una serie de propuestas para modificar radicalmente la estructura de su Constitución. Aunque eventualmente ninguna de las propuestas prosperó, la adopción de la Carta de Derechos y Libertades en 1982 marcó el inicio de un viraje constitucional fundamental para Canadá.

Otras democracias federales se han dado a la difícil tarea de crear un orden constitucional perdurable tras un periodo de dictadura. En algunos casos – por ejemplo, Rusia en 1993 y Sudáfrica en 1996 – las nuevas constituciones reflejan la intención nacional de formar una democracia constitucional viable. En otros lugares – verbigracia, Brasil desde 1988 y Nigeria a partir de 1999 – el reto era restaurar la democracia constitucional después de que el fracaso o derrocamiento de los arreglos constitucionales anteriores condujera a dictaduras militares. El éxito de estas democracias federales dependerá de su habilidad para resolver los problemas económicos y los conflictos étnicos que heredaron de dichas dictaduras.

Por último, algunas democracias federales, como Bélgica y México, atraviesan por cambios constitucionales significativos, diseñados para fortalecer la autoridad de sus unidades constitutivas. Sin embargo, en Bélgica el objetivo es asegurar que la transferencia de facultades a las unidades constitutivas no dispare las divisiones etnolingüísticas que llevarían a la disolución del país. En México, la mirada está puesta en la revitalización del federalismo, después de un largo periodo de dominio de un gobierno federal controlado por un mismo partido político. Cualquiera que sea el resultado de estos esfuerzos, no cabe duda de que pueden servir de guía – o lecciones preventivas – para los ciudadanos que estén dispuestos a aprender cómo sus contrapartes en otros países han enfrentado problemas e inquietudes comunes.

Línea del tiempo de acontecimientos

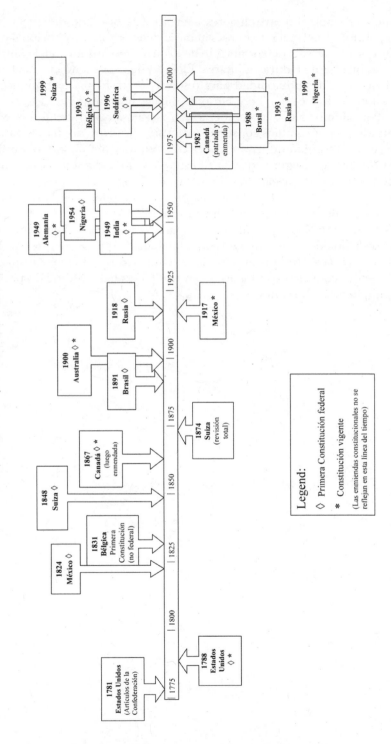

Legend:

◇ Primera Constitución federal

* Constitución vigente

(Las enmiendas constitucionales no se reflejan en esta línea del tiempo)

Glosario

ACTA CONSTITUCIONAL DE 1867 la primera – y aún vigente (después de la enmienda) – Constitución de Canadá; antes llamada Acta de América del Norte Británica de 1867.

ACTA CONSTITUCIONAL DE 1982 enmienda al Acta Constitucional de 1867 que anexó la Carta de Derechos y Libertades y un procedimiento nacional de enmienda constitucional en Canadá (antes se hacía en el Parlamento de Gran Bretaña).

ACUERDO DE CHARLOTTETOWN acuerdo intergubernamental sobre la reforma constitucional en Canadá, fechado en 1992. Se abandonó porque no obtuvo el apoyo mayoritario en un referendo nacional.

ACUERDO DE MEECH LAKE acuerdo intergubernamental sobre cambio constitucional de Canadá, 1987. Nunca fue ratificado; véase sociedad distinta.

APARTHEID marco legal de segregación y discriminación racial de Sudáfrica contra los no europeos (de 1948 hasta principios de la década de 1990).

ARTÍCULOS DE LA CONFEDERACIÓN (Y LA UNIÓN PERPETUA) la primera Constitución de Estados Unidos de América, 1781-1788.

ASAMBLEA FEDERAL 1. Legislatura nacional bicameral de Suiza (*Bundesversammlung*). 2. Legislatura nacional bicameral de Rusia (*Federalnoye Sobraniye*). 3. Cámara baja de la legislatura nacional bicameral de Alemania (*Bundestag*).

ASAMBLEA NACIONAL cámara baja o primera cámara de la legislatura nacional bicameral de Nigeria y Sudáfrica.

ASAMBLEA POPULAR *Lok Sabha;* cámara baja o primera cámara de la legislatura nacional bicameral de India.

AUTOGOBIERNO denota la demanda o el derecho de autonomía o automandato; salvaguardado para las comunidades indígenas en el *Acta Constitucional de 1982* de Canadá.

BICAMERAL se refiere a las legislaturas compuestas por dos cámaras.

BUNDESRAT [alemán] Consejo Federal; la cámara alta o segunda cámara de la legislatura nacional bicameral de Alemania.

BUNDESREPUBLIK DEUTSCHLAND [alemán] República Federal de Alemania;

nombre oficial de Alemania Occidental y – subsecuentemente – de la Alemania unificada.

BUNDESTAG [Alemán] asamblea Federal; la cámara baja, elegida por la ciudadanía, o primera cámara de la legislatura nacional bicameral de Alemania.

CÁMARA DE DIPUTADOS cámara baja o primera cámara de la legislatura nacional bicameral de Bélgica, Brasil y México.

CÁMARA DE SENADORES cámara alta o segunda cámara de la legislatura nacional bicameral de México.

CANADÁ FRANCÉS se refiere a la población de Canadá que tiene como primera lengua al francés; se localiza principalmente en Quebec, partes de Nueva Brunswick, partes de Ontario y poblados menores de otras provincias.

CANADÁ INGLÉS referencia colectiva a la comunidad angloparlante de Canadá; véase Canadá francés.

CANCILLER FEDERAL Bundeskanzler; el jefe de gobierno del sistema parlamentario de la República Federal de Alemania.

CANTÓN nombre de las 26 unidades constitutivas de la federación suiza.

CARTA DE DERECHOS véase Declaración de Derechos.

CARTA DE DERECHOS Y LIBERTADES la declaración de derechos canadiense, consolidada en el Acta Constitucional de 1982.

CASA DE LOS COMUNES cámara baja de la legislatura nacional bicameral de Canadá.

CASA DE LOS REPRESENTANTES nombre de la cámara baja o primera cámara de la legislatura nacional bicameral de Australia, Nigeria y Estados Unidos; en ocasiones se emplea como traducción de los nombres de las cámaras bajas de las legislaturas de Alemania, Bélgica y Suiza.

CASO CECHENO fallo del Tribunal Constitucional ruso de 1995, que permitía el uso de la fuerza militar para intervenir en conflictos separatistas (p. ej., en la República Chechena).

CASTAS grupos con estatus jerárquico social y religioso hereditario de India.

CENTRALISMO DEMOCRÁTICO doctrina marxista leninista, según la cual, la democracia es compatible con un gobierno de un partido único.

CENTRALISMO concentración de facultades y responsabilidades en orden nacional de gobierno.

CIUDAD FEDERAL federalny gorod; ciudad con el estatus constitucional de provincia en la federación rusa. (p.ej., Moscú, San Petersburgo).

CLÁUSULA DE SUPREMACÍA genéricamente, una cláusula constitucional que estipula la superioridad de una ley nacional en relación con las leyes de las unidades constitutivas de una federación; específicamente, el Artículo VI, cláusula 2, de la Constitución estadounidense.

CLÁUSULA/FACULTAD COMERCIAL una de las facultades del Congreso enumeradas en el Artículo I, sección 8, de la Constitución de EE. UU., la facultad para "Reglamentar el comercio con las naciones extranjeras, entre los diversos estados..." Base constitucional primordial para la centralización del federalismo estadounidense.

COMMUNES À FACILITÉS [francés] comunidades lingüísticas que son poblaciones minoritarias dentro de las regiones belgas y que han protegido sus derechos de lengua.

COMUNIDAD LINGÜÍSTICA se refiere a las tres comunidades culturales autogobernadas de la federación belga; son diferentes de las regiones territoriales.

COMUNIDADES INDÍGENAS término genérico que designa a los habitantes originales de un país o región; véase indígenas.

COMUNIDADES en Bélgica, término empleado para las divisiones con base lingüística del sistema que opera de forma paralela al de regiones de tipo territorial.

CONFEDERACIÓN SUIZA nombre oficial de Suiza, no obstante que en realidad ha sido una verdadera federación desde 1848, y no una confederación.

CONGRESO DE LA UNIÓN el poder legislativo nacional bicameral del sistema presidencialista de gobierno de México; también Congreso Federal.

CONGRESO NACIONAL el poder legislativo nacional bicameral del sistema presidencialista de gobierno de Brasil.

CONGRESO el poder legislativo nacional bicameral del sistema presidencialista de gobierno de Estados Unidos de América. Previo a éste, el organismo de gobierno unicameral y único de Estados Unidos, de acuerdo con los Artículos de la Confederación.

CONSEJO DE LA FEDERACIÓN Cámara alta o segunda cámara del poder legislativo nacional bicameral de la Federación Rusa; también Consejo de la Federación.

CONSEJO DE LOS ESTADOS 1. *Ständerat.* Cámara alta o segunda cámara del poder legislativo nacional bicameral de Suiza. 2. Uno de varios órganos intergubernamentales destinados a la resolución de conflictos, contemplado por la Constitución nigeriana.

CONSEJO FEDERAL 1. cámara alta o segunda cámara del poder legislativo nacional bicameral de Alemania y Austria (*Bundesrat*). 2. Consejo ejecutivo gobernante y jefatura de Estado colectiva de Suiza. (*Bundesrat/Conseil fédéral/Consiglio federale*). 3. Cámara alta o segunda cámara del legislativo nacional bicameral de la Federación de Rusia (*Sovet Federatsii*).

CONSEJO NACIONAL DE LAS PROVINCIAS cámara alta o segunda cámara del poder legislativo nacional bicameral de Sudáfrica.

CONSEJO NACIONAL JUDICIAL organismo federal de Nigeria que tiene la facultad de nombrar, promover, sancionar y financiar al poder judicial del país.

CONSEJO NACIONAL *Nationalrat/Conseil national/Consilgio nazionale;* cámara baja o primera cámara del poder legislativo nacional bicameral de Suiza.

CORONA expresión formal para la autoridad soberana en países como Canadá y Australia, con monarquía vestigial.

DECLARACIÓN DE DERECHOS Documento constitucional o quasi constitucional de los derechos fundamentales; de la llamada Declaración de Derechos de Estados Unidos de América, las primeras diez enmiendas a la Constitución de EE. UU. También: carta de derechos.

TRANSFERENCIA DE FACULTADES Transferencia de facultades y responsabilidades del gobierno central a las entidades subordinadas; no necesariamente basado en un cambio constitucional.

DEMOCRACIA DIRECTA   participación de la ciudadanía en legislación, como alternativa o complemento al gobierno de representantes electos; notablemente la de Suiza a través del procedimiento de referendo iniciado por la ciudadanía; también se emplea el término "semidirecta" para indicar que complementa – no prima – sobre la democracia representativa.

DERECHO CIVIL   corpus del derecho privado proveniente del derecho romano, basado en estatutos o códigos; se distingue del DERECHO CONSUETUDINARIO, que se basa en precedentes; véase derecho consuetudinario.

DERECHO CONSUETUDINARIO   sistema legal de tradición británica basado en la acumulación de decisiones judiciales conocidas como precedentes, difundido a través del mundo angloparlante. Contrasta con el derecho civil de códigos o estatutos; véase derecho civil.

DERECHOS POR LA "CONDICIÓN DE INDIGENE"   derechos constitucionales de las poblaciones indigene de Nigeria.

DISTRIBUCIÓN DE LA AUTORIDAD   asignación constitucional de facultades legislativas entre los diferentes órdenes de gobierno (también: división de autoridad; división de facultades).

DISTRITO FEDERAL   término empleado para una región capital con estatus especial dentro de una federación (p.ej., Distrito de Columbia en Estados Unidos de América; Distrito Federal de Brasilia en Brasil).

DOBLE FEDERACIÓN   federación que consta de dos tipos diferentes de unidades constitutivas (en particular: comunidades lingüísticas y regiones territoriales en Bélgica).

DUMA [ruso] véase Duma estatal.

DUMA ESTATAL   Gosudarstvennaya Duma, "Consejo Nacional"; cámara baja o primera cámara del poder legislativo bicameral de Rusia.

ENTIDAD FEDERADA   unidad política unida a una federación (véase también unidad constitutiva).

ESFERAS DE GOBIERNO   véase órdenes de gobierno.

ESTADO UNITARIO   Estado con un solo centro de autoridad política soberana, en oposición a un Estado federal; puede ser centralizado o descentralizado, pero los gobiernos descentralizados regionales o locales no tienen un estatus constitucionalmente protegido.

ESTADOS   nombre de las unidades constitutivas de las federaciones de Australia (seis estados), Brasil (26 estados), India (28 estados), México (31 estados), Nigeria (36 estados), Estados Unidos de América (50 estados).

ETNOFEDERALISMO   tipo de federalismo que reconoce a las comunidades étnicas como entidades constitutivas.

FACULTAD DE GASTO   capacidad del gobierno nacional de una federación para ejercer influencia o control sobre asuntos que corresponden a la jurisdicción de los gobiernos subnacionales, por medio de recursos financieros superiores; opera mediante la facultad de financiar programas nacionales o la facultad de hacer transferencias condicionadas, con apego a las normas nacionales.

FACULTADES CONCURRENTES enfoque de la distribución de facultades por la que se espera que los órdenes de gobierno compartan la jurisdicción sobre áreas de política específicas, de manera implícita o explícita. Se puede llevar a cabo mediante la elaboración de una lista de facultades compartidas o concediendo autoridad sobre varias funciones a un orden de gobierno, sin la disposición de que sean exclusivas.

FACULTADES RESIDUALES aquellas facultades no identificadas que otorga una Constitución federal a un orden de gobierno en particular, ya sea implícita o explícitamente; en contraste con las facultades asignadas enumeradas explícitamente.

FEDERALISMO ASIMÉTRICO se refiere a una distribución desigual o no idéntica de las facultades y responsabilidades que se da entre las unidades constitutivas de un sistema federal.

FEDERALISMO COMPETITIVO la idea de que los gobiernos constitutivos de una federación deben competir entre sí y con el gobierno nacional para el fortalecimiento general de la eficiencia y eficacia socioeconómica de la entrega de servicios públicos.

FEDERALISMO COOPERATIVO práctica y principio del federalismo moderno, conforme a los cuales los órdenes de gobierno trabajan en colaboración para coordinar el establecimiento y la aplicación de políticas en áreas donde se da un traslape de responsabilidades. Aunque obligatorio en algunas federaciones (por ejemplo, en las "tareas conjuntas" de Alemania), con mayor frecuencia es una respuesta de los gobiernos subnacionales para adaptarse a la realidad de la gobernabilidad federal moderna. No supone necesariamente una igualdad de facultades y recursos entre los órdenes de gobierno participantes y sí puede ser una práctica del "federalismo coercitivo", por medio de la cual los recursos o facultades superiores del gobierno central permiten que éste imponga políticas de carácter nacional.

FEDERALISMO DUAL el concepto de la estricta separación legislativa de las facultades de una federación; cada orden de gobierno legisla y administra de forma autónoma su propia esfera. También: compartimentos estancos.

FEDERALISMO EJECUTIVO en las federaciones parlamentarias (p.ej., Canadá, Australia, India), predominio de las negociaciones que dirige el ejecutivo político sobre las negociaciones intergubernamentales llevadas a cabo dentro y entre los órdenes de gobierno, principalmente debido a la exclusión del poder legislativo.

FEDERALISMO SIMÉTRICO denota distribución igual o idéntica de facultades y responsabilidades entre todos los órdenes de gobierno de un sistema federal.

FEDERALISMO TERRITORIAL división convencional de los sistemas federales en subunidades definidas geográficamente, y no con bases lingüísticas, culturales, étnicas, ocupacionales o cualquier otro tipo de bases de identidad.

FÓRMULA MÁGICA acuerdo de 1959 sobre la repartición de facultades para la distribución de los escaños del Consejo Federal suizo entre los cuatro partidos principales; modificado en 2003.

FRANCÓFONO   1. Persona cuya lengua nativa es el francés. 2. Persona que habita en una sociedad plurilingüe cuya lengua nativa es el francés (p.ej., en Canadá).

GOBERNADOR   usualmente, el título de quien ha sido electo para encabezar una unidad constitutiva subnacional en una federación, como es el caso de Estados Unidos (gobernador estatal) o Rusia (gobernador regional).

GOBERNADOR GENERAL   es el jefe de estado virreinal de Australia y Canadá; oficialmente es el representante designado de la Reina.

GOBIERNO RESPONSABLE   el término británico o de "Westminster" que designa a un gobierno que rinde cuentas a la ciudadanía a través de los representantes parlamentarios elegidos por el pueblo (p.ej., una democracia parlamentaria).

GOROD [ruso] véase ciudad federal.

GOSUDARSTVENNAYA DUMA [ruso] véase Duma estatal.

GRUNDGESETZ [alemán] Ley Fundamental; la Constitución de la República Federal de Alemania.

IGUALDAD PROVINCIAL   se refiere a una distribución igual o simétrica de facultades y responsabilidades entre todas las provincias de una federación.

INDÍGENAS 1. Habitantes originales en un país o territorio; sustituye la expresión indio (Indian) en Canadá (aunque no en Estados Unidos). También comunidades indígenas. 2. Habitante original de Australia; sustituye aborígenes (Aborigines).

INDIGENE [inglés] término acuñado para designar a los habitantes originales de un lugar específico de Nigeria, para diferenciarlos de los recién llegados provenientes de otras regiones del país.

INMUNIDAD SOBERANA   principio del constitucionalismo de Estados Unidos de América por el que los gobierno estatales serán inmunes a la intervención nacional, en correlato a su estatus semisoberano.

INTERPRETACIÓN JUDICIAL   función de los tribunales de establecer el significado preciso de las disposiciones constitucionales o los actos legislativos.

JERARQUÍA CONSTITUCIONAL   norma que señala que la Constitución nacional está por encima de aquéllas de las unidades constitutivas; también: cláusula de supremacía.

LAND [alemán] nombre de cada una de las 16 unidades constitutivas de la federación alemana; *Länder* en plural.

LEY FUNDAMENTAL   "Constitución"; traducción literal de grundgesetz, la Constitución de la República Federal de Alemania.

LEY *SHARIAH*   código de derecho islámico en vigor en algunos estados del norte de Nigeria.

LEY SUPREMA DE LA REPÚBLICA   La Constitución federal de México, las leyes del Congreso de la Unión que emanan de ella, así como los tratados internacionales celebrados, de acuerdo con el Artículo 133 de la Constitución mexicana.

LOK SABHA [hindi] Asamblea Popular; cámara baja o primera cámara del poder legislativo nacional bicameral de India.

MANCOMUNIDAD DE AUSTRALIA   nombre oficial de Australia.

MANCOMUNIDAD   1. mancomunidad Británica de Naciones, asociación poco cohesionada de estados soberanos, originalmente bajo control británico. 2. Gobierno nacional de Australia; se distingue de los gobiernos de los estados australianos.

MONARQUÍA CONSTITUCIONAL   históricamente, sistema donde la autoridad real no era absoluta, sino limitada por un marco constitucional; hoy en día se refiere a la existencia de vestigios de jefaturas de Estado monárquicas en las democracias parlamentarias (p.ej., Australia, Canadá).

MULTICULTURALISMO   concepto o política comprometida con la tolerancia y protección de la diversidad cultural dentro de un país (p.ej., Australia, Canadá).

NACIONES FUNDADORAS   término empleado originalmente para referirse a los franceses e ingleses como los "primeros" colonizadores de Canadá, pero al que se le achaca hoy en día por no reconocer a los indígenas como los ocupantes previos de estas tierras.

NECESARIAS Y CONVENIENTES   la cláusula final del Artículo I, sección 8, de la Constitución de EE. UU. que enlista las facultades del Congreso; amplía el espectro de las facultades enumeradas que autorizan al Congreso "Para aprobar todas las leyes que fueren necesarias y convenientes para poner en práctica las precedentes facultades" y ha sido parte integral de la centralización del sistema federal de EE. UU.

ÓRDENES DE GOBIERNO   comprende la esfera nacional – y otras subnacionales – del gobierno de una federación; generalmente consta de un gobierno nacional de por encima de los demás, diversos gobiernos regionales extensos (unidades constituyentes) y múltiples gobiernos locales, entre los que destacan los municipios; sin embargo, pueden ser más complejos (p.ej., Rusia).

PACTO ENTRE ESTADOS   acuerdo contractual entre dos o más unidades políticas donde las partes contratantes mantienen la primacía y en el que se considera, de manera característica, que cualquier miembro participante tiene el derecho de retirarse.

PANCHAYATS   organismos municipales o gobiernos locales de las áreas rurales de India.

PARLAMENTO FEDERAL   nombre del poder legislativo nacional bicameral de Alemania, Australia, Bélgica, Brasil, Canadá, India y Sudáfrica.

PARLAMENTO   la asamblea legislativa de cualquier país donde el ejecutivo político se procede del legislativo y responde ante él (p.ej., Australia, Canadá, Alemania, India y Sudáfrica). E término se puede emplear exclusivamente para el legislativo nacional o también para las legislaturas de las unidades constitutivas (Australia).

PATRIACIÓN   la anexión a la Constitución canadiense de la fórmula de enmienda nacional, establecida en el Acta Constitucional de 1982, que daba fin a la dependencia de la legislación procedente del Reino Unido para poder llevar a cabo cambios constitucionales en Canadá.

PRESIDENTE   el jefe de Estado en los sistemas parlamentarios no monárquicos (p.ej., Alemania, India) y los sistemas mixtos (Sudáfrica, Rusia, Suiza); o la combinación de jefe de estado y jefe de gobierno de los sistemas presidencialistas (p.ej., Brasil, Estados Unidos de América, México, Nigeria).

PRIMER MINISTRO jefe de gobierno de los sistemas parlamentarios (p.ej., Australia, Bélgica, Canadá, India).

PRIMERAS NACIONES nombre colectivo adoptado por las comunidades indígenas de Canadá; véase indígenas.

PRIMEROS MINISTROS hace referencia al primer ministro de Canadá y a los trece premiers (jefes de gobierno) de las trece provincias y territorios de Canadá.

PRINCIPIO DE TERRITORIALIDAD reconocimiento primario que se otorga a las unidades definidas geográficamente, preferido sobre otras bases de identidad.

PROVINCIA AUTÓNOMA NACIONAL nombre de diez unidades constitutivas de la federación rusa.

PROVINCIA nombre de las unidades constitutivas - empleado como alternativa a 'estados'- en varias federaciones (Canadá, diez provincias; Sudáfrica, nueve provincias; Rusia, 49 provincias); en algunas federaciones se utiliza para las divisiones que se encuentran por debajo del orden de unidades constitutivas (p.ej., España).

RAJYA SABHA [hindi] asamblea de los estados; cámara alta o segunda cámara de la asamblea legislativa nacional bicameral india.

REGIÓN ADMINISTRATIVA referencia a un territorio bajo administración colonial.

REGIÓN término empleado para las tres unidades territoriales de Bélgica (Valona, Flandes y Bruselas).

RELACIONES INTERGUBERNAMENTALES relaciones entre gobiernos de unidades constitutivas o entre varios órdenes de gobierno con el propósito de coordinar y/o acordar sus políticas en programas compartidos y casos similares.

REPRESENTACIÓN PARITARIA. OJO ES PARITARIA. NO SÉ CÓMO ESTÁ EN LOS ARTÍCULOS la misma cantidad de representantes de las regiones o unidades constitutivas, independientemente de su población; usualmente se da en las segundas cámaras.

REPRESENTACIÓN PROPORCIONAL método de asignación de escaños legislativos en proporción al número de votos que recibieron los partidos concursantes, a través de distritos electorales de múltiples miembros nacionales o regionales. También: RP.

REPÚBLICA CHECHENA unidad constitutiva de la federación rusa, con un movimiento separatista violento. Está sujeta a intervenciones militares continuas.

REPÚBLICA DEMOCRÁTICA ALEMANA (RDA) nombre oficial de Alemania Oriental (1949-1989).

REPÚBLICA SOCIALISTA FEDERADA SOVIÉTICA RUSA (RSFSR) nombre oficial de Rusia de 1918 hasta 1924, antes de ingresar a la Unión de Repúblicas Socialistas Soviéticas (URSS).

REPÚBLICA 1. Principal unidad constitutiva de la federación rusa. 2. Sistema de gobierno donde el poder político se ejerce por aquellos directa o indirectamente elegidos por el pueblo, incluyendo al jefe de Estado.

REPÚBLICAS NACIONALES nombre de 21 de las 89 unidades constitutivas de la federación rusa. Véase sujetos de la federación.

REVISIÓN JUDICIAL   recurso de inconstitucionalidad, facultad de los tribunales para pronunciarse sobre la legalidad de actos legislativos o ejecutivos.

REVOLUCIÓN MEXICANA   levantamiento armado popular, fundamental en la historia de México, eventualmente condujo a Constitución de 1917.

SECESIÓN   la salida de una unidad constitutiva de una federación.

SEGUNDA CÁMARA   la cámara de una legislatura bicameral con representación distinta a la de base estrictamente democrática poblacional; en las federaciones, la cámara que, en la forma determinada, da representación a las unidades constitutivas.

SENADO   nombre de la cámara alta o segunda cámara de la asamblea legislativa nacional bicameral de Australia, Bélgica, Brasil, Canadá, Estados Unidos de América Nigeria y México.

SENADO FEDERAL   cámara alta de la legislatura bicameral de Brasil.

SERVICIOS SOCIALES UNIVERSALES   servicios sociales públicos igualmente disponibles para todos los ciudadanos.

SISTEMA DE GOBIERNO CONFEDERAL   una confederación es una forma limitada o descentralizada de unión, donde las unidades constitutivas conservan la mayor parte de su soberanía y disfrutan de la relación primaria con su pueblo, mientras un gobierno nacional con determinadas funciones limitadas opera fundamentalmente con base en facultades delegadas.

SOCIEDAD DISTINTA   término político empleado para describir a la provincia de Quebec, Canadá, como única en términos de cultura y lenguaje; no se aceptó su inclusión dentro de la Constitución.

STÄNDERAT [alemán] Consejo de los Estados; la cámara alta o segunda cámara del poder legislativo nacional bicameral de Suiza.

SUBCASTA   división subordinada de una casta; véase castas.

SUBSIDIARIEDAD   principio que establece que todas las tareas se deben dejar en manos del orden más bajo de gobierno que pueda cumplirlas eficazmente.

SUJETOS DE LA FEDERACIÓN   referencia genérica a las 89 distintas unidades constitutivas de la federación rusa, incluyendo repúblicas, territorios, regiones, áreas autónomas, regiones autónomas y ciudades federales.

SUPREMA CORTE   el tribunal superior en materia constitucional y demás en Canadá, India, México, Nigeria y Estados Unidos.

SUPREMA CORTE FEDERAL   tribunal superior de Suiza.

SUPREMACÍA CONSTITUCIONAL FEDERAL   véase jerarquía constitucional.

SUPREMO TRIBUNAL FEDERAL   el tribunal superior de Brasil.

TERCER ORDEN DE GOBIERNO   se refiere a las unidades autogobernadas por debajo del gobierno central y las unidades constitutivas de la federación; de estatus constitucional inferior o nulo (comúnmente municipios, pero también comunidades indígenas).

TERRITORIOS   nombre de las unidades de una federación que no tienen el estatus constitucional de las unidades constitutivas (a diferencia de las provincias, estados, etc.); pueden ser o no autogobernados (existen dos territorios autogobernados en Australia, tres en Canadá, uno en Nigeria, seis en Rusia). Véase Territorios de la Unión.

TERRITORIOS DE LA UNIÓN   nombre de las seis unidades territoriales de India.

TRATADO DE LIBRE COMERCIO DE AMÉRICA DEL NORTE (TLCAN)   conjunto de tratados bilaterales que regulan las relaciones de libre comercio entre Canadá, Estados Unidos y México.

TRIBUNAL CONSTITUCIONAL FEDERAL   *Bundesverfassungsgericht;* órgano judicial que ejerce la competencia final sobre asuntos de derecho constitucional en Alemania. Véase Tribunal Constitucional.

TRIBUNAL CONSTITUCIONAL   órgano judicial de competencia final sobre asuntos constitucionales, entre ellos, la relación entre los órdenes de gobierno de una federación; se distingue de "suprema corte" o aquella que funge como ápice del sistema jurídico en general. Establecido por primera vez en Austria, hoy tenemos como ejemplos el Tribunal de Arbitraje (*Cour d'arbitrage*) de Bélgica, el Tribunal Constitucional (*Bundesverfassungsgericht*) de Alemania y los tribunales constitucionales de Sudáfrica y la Federación Rusa.

TRIBUNAL SUPREMO DE AUSTRALIA   la corte suprema de derecho constitucional – entre otros – de la Mancomunidad de Australia.

UNIDAD CONSTITUTIVA   las unidades miembros de una federación, constitucionalmente reconocidas.

UNIÓN   1. referencia informal a la federación en su conjunto, o del orden de gobierno nacional. 2. Término oficial del nombre de la federación india.

VOTO PLURALISTA   método empleado para determinar al ganador de una elección que no requiere de una mayoría de votos, basta con tener más votos que cualquier otro candidato; también: "el primero gana el puesto".

WILLENSNATION [alemán] término que se refiere a la formación de la federación suiza, mediante la acción deliberada de la voluntad popular, más que por la expresión natural del sentimiento o identidad nacional.

Colaboradores

IGNATIUS AKAAYAR AYUA, Adjunto del Procurador General, República Federal de Nigeria

RAOUL BLINDENBACHER, Vicepresidente, Foro de Federaciones, Canadá/Suiza

BARBARA BROOK, Jefe de programa, Programa de diálogo global, Foro de Federaciones, Canadá

KRIS DESCHOUWER, Profesor de Política, Universidad de Vrije, Bruselas, Bélgica

JUAN MARCOS GUTIÉRREZ GONZÁLEZ, Cónsul General de México, Denver, Colorado, EE. UU./México.

RAINER KNOPFF, Profesor de Ciencias Políticas y Vicepresidente adjunto, Investigación e Internacional, Universidad de Calgary, Canadá

JUTTA KRAMER, Abogada y Asistente de investigación titular Instituto de Estudios Federales, Universidad de Hannover, Alemania.

KATY LE ROY, Subdirectora, Centro de Estudios Constitucionales Comparados, Universidad de Melbourne, Australia

AKHTAR MAJEED, Profesor de Ciencias Políticas y Director del Centro de Estudios Federales, Universidad de Hamdard, Nueva Delhi, India

ABIGAIL OSTIEN, Coordinadora de comunicaciones, Programa de diálogo global, Foro de Federaciones, Canadá

MARAT SALIKOV, Rector del Instituto de Justicia de la Academia Estatal de Derecho de los Urales y profesor, Academia Estatal de Derecho de los Urales, Yekaterinburgo, Rusia

CHERYL SAUNDERS, Profesora de Derecho, Universidad de Melbourne, Australia; Presidenta, Asociación Internacional de Derecho Constitucional; y Presidenta, Asociación Internacional de Centros para Estudios Federales

ANTHONY SAYERS, Profesor asociado de Ciencias Políticas, Universidad de Calgary, Canadá

NICOLAS SCHMITT, Becario de investigación, Instituto de Federalismo, Universidad de Friburgo, Suiza

CELINA SOUZA, Profesora e investigadora de Ciencias Políticas y Administración Pública, Universidad Federal de Bahía, Brasil

NICO STEYTLER, Director del Centro de Derecho Comunitario, Universidad de Cabo Occidental, Sudáfrica

G. ALAN TARR, Director del Centro de Estudios Constitucionales Estatales y Presidente del Departamento de Ciencias Políticas, Universidad de Rutgers, Camden, Estados Unidos de América

Expertos participantes

Agradecemos las contribuciones de los siguientes expertos quienes participaron en el tema orígenes, estructura y cambios constitucionales en países federales. Aunque los participantes aportaron sus conocimientos y experiencia, de ninguna manera son responsables del contenido de este cuaderno.

José Roberto Afonso, Brasil
Basília Aguirre, Brasil
Peter Akper, Nigeria
Chris Alcantara, Canadá
E. Alemika, Nigeria
Zinaida Alexandrova, Rusia
Miguel Ángel Romo, México
Marta Arretche, Brasil
Jean-François Aubert, Suiza
Céline Auclair, Canadá
Ignatius Ayua, Nigeria
E.C.J. Azinge, Nigeria
Janet Azjenstat, Canadá
Lynn Baker, Estados Unidos
Gérald Beaudoin, Canadá
Wouter Beke, Bélgica
Svetlana Bendyurina, Rusia
Gilberto Bercovici, Brasil
C.P. Bhambri, India
Vladimir Boublik, Rusia
Dirk Brand, Sudáfrica
Claudine Brohi, Suiza
A.J. Brown, Australia

César Camacho Quiroz, México
Jaime Cárdenas Gracia, México
Siska Castelein, Bélgica
Octavio Chavez, México
Jan Clement, Bélgica
Jamison Colburn, Estados Unidos
Barry Cooper, Canadá
Fernando Cosenza, Brasil
Juan José Crispín Borbolla, México
David De Groot, Canadá
Kris Deschouwer, Bélgica
Hugues Dumont, Bélgica
Alex Ekwueme, Nigeria
Vanessa Elias de Oliveira, Brasil
Rebeca Elizalde Hernández, México
Fred Erdman, Bélgica
Simon Evans, Australia
Patrick Fafard, Canadá
James Faulkner, Australia
Carlos Figueiredo, Brasil
Thomas Fleiner, Suiza

Rubén Jaime Flores Medina, México

Stephen Frank, Estados Unidos

Carlos Gadsden Carrazco, México

Brian Galligan, Australia

Roger Gibbins, Canadá

Tatiana Gladkova, Rusia

Leslie Goldstein, Estados Unidos

Manuel González Oropeza, México

Karthy Govender, Sudáfrica

Michael Grant, México

Tonatiuh Guillén López, México

Desiree Guobadia, Nigeria

Juan Marcos Gutiérrez González, México

Geoffrey Hale, Canadá

Ian Harris, Australia

N. Hembe, Nigeria

Simone Hermans, Sudáfrica

Jan Martin Hoffmann, Alemania

Meenakshi Hooja, India

Javier Hurtado González, México

Gennady Ignatenko, Rusia

R.B. Jain, India

César Jáuregui Robles, México

Harold Jensen, Canadá

Nirmal Jindal, India

B.B. Kanyip, Nigeria

Subhash C. Kashyap, India

Ellis Katz, Estados Unidos

Cristiane Kersches, Brasil

Arshi Khan, India

Farah Khan, India

John Kincaid, Estados Unidos

Paul King, Canadá

Rainer Knopff, Canadá

Alexander Kokotov, Rusia

Royce Koop, Canadá

Jutta Kramer, Alemania

Christopher Kukucha, Canadá

T. Ladan, Nigeria

Nicolas Lagasse, Bélgica

Natalia Larionova, Rusia

Harvey Lazar, Canadá

Katy Le Roy, Australia

Dörte Liebetruth, Alemania

Geoffrey Lindell, Australia

Marina Lomovtseva, Rusia

Augustin Macheret, Suiza

Akhtar Majeed, India

Christopher Manfredi, Canadá

Preston Manning, Canadá

Bernardo H. Martínez Aguirre, México

George Mathew, India

David McCann, Australia

Peter McCormick, Canadá

Nadezhda Mershina, Rusia

Geraldine Mettler, Sudáfrica

Hans Michelmann, Canadá

Adrián Miranda, México

Eamon Morann QC, Australia

F.L. Morton, Canadá

Radinaledi Mosiane, Sudáfrica

Christina Murray, Sudáfrica

Marie Nagy, Bélgica

A.S. Narang, India

Svetlana Nesmeyanova, Rusia

Valeri Nevinski, Rusia

A. G. Noorani, India

Charles-Ferdinand Nothomb, Bélgica

Ofem Obno-Obla, Nigeria

Alessandro Octaviani, Brasil

Lawal Olayinka, Nigeria

Donald David Onje, Nigeria

Brian Opeskin, Australia

Waldeck Ornelas, Brasil

Sam Oyovbaire, Nigeria

Francisco José Paoli Bolio, México

Victor Perevalov, Rusia

Javier Pérez Torres, México

Derek Powell, Sudáfrica

Adriano Previtali, Suiza

Balraj Puri, India

Paul Rabbat, Australia

H. Ramchandran, India

Fernando Rezende da Silva, Brasil

Horst Risse, Alemania
Heather Roberts, Australia
Eduardo C. Robreno, Estados
Unidos
Rocío Arleth Rodríguez Torres,
México
Vladimir Rusinov, Rusia
Marat Salikov, Rusia
Alexander Salomatkin, Rusia
Cheryl Saunders, Australia
Peter Savitski, Rusia
Rekha Saxena, India
Anthony Sayers, Canadá
Nicolas Schmitt, Suiza
Hans-Peter Schneider, Alemania
Rainer-Olaf Schultze, Alemania
Pierre Scyboz, Suiza
Campbell Sharman, Canadá
Ronli Sifiris, Australia
Ajay K. Singh, India
Chhatar Singh, India
M.P. Singh, India
Khalipile Sizani, Sudáfrica
Celina Souza, Brasil
Yuri Skuratov, Rusia
Donald Speagle, Australia
David Stewart, Canadá
Nico Steytler, Sudáfrica
Kumar Suresh, India

Faiz Tajuddin, India
Fauzaya Talhaoui, Bélgica
G. Alan Tarr, Estados Unidos
Maria Hermínia Tavares de
Almeida, Brasil
Paul Thomas, Canadá
Krisztina Toth, Suiza
Anne Twomey, Australia
A.A. Ujo, Nigeria
Bala Usman, Nigeria
Marnix Van Damme, Bélgica
Oscar Vega Marín, México
Francois Venter, Sudáfrica
Ludo Veny, Bélgica
Magali Verdonck, Bélgica
Andrey Vikharev, Rusia
Oscar Vilhena, Brasil
Bernhard Waldmann, Suiza
Kristen Walker, Australia
Adam Wand, Australia
Ronald L. Watts, Canadá
Bernard Wicht, Suiza
Robert F. Williams, Estados Unidos
George Winterton, Australia
Lisa Young, Canadá
Elman Yusubov, Rusia
Vladimir Zadiora, Rusia
Mikhail Zatsepin, Rusia
Emilio Zebadúa González, México

Publicaciones disponibles en español

 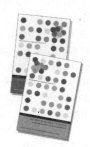

**Diálogos sobre orígenes, estructura y cambio constitucionales
en países federales**
Compiladores: Raoul Blindenbacher y Abigail Ostien

**Diálogos sobre distribución de facultades y responsabilidades
en países federales**
Compiladores: Raoul Blindenbacher y Abigail Ostien

**Diálogos sobre gobernabilidad legislativa, ejecutiva y judicial
en países federales**
Compiladores: Raoul Blindenbacher y Abigail Ostien

**Diálogos sobre la práctica del federalismo fiscal:
perspectivas comparativas**
Raoul Blindenbacher y Abigail Ostien Karos

Diálogos sobre las relaciones exteriores en países federales
Compiladores: Raoul Blindenbacher y Chandra Pasma

Publicaciones disponibles en inglés

Handbook of Federal Countries, 2005
Edited by Ann L. Griffiths, Coordinated by Karl Nerenberg

An indispensable reference book on the developments, political dynamics, institutions, and constitutions of the world's federal countries.

Published for the Forum of Federations

For more than two centuries federalism has provided an example of how people can live together even as they maintain their diversity. The Handbook of Federal Countries, 2005 continues the tradition started by the 2002 edition, updating and building on the work of Ronald Watts and Daniel Elazar in providing a comparative examination of countries organized on the federal principle.

Unique in its timely scope and depth, this volume includes a foreword by former Forum President Bob Rae that reflects on the importance of the federal idea in the contemporary world. New comparative chapters examine the recent draft constitutional treaty in Europe and the possibility of federalism being adopted in two countries with longstanding violent conflicts-Sri Lanka and Sudan.

As a project of the Forum of Federations, an international network on federalism in practice, the 2005 handbook is an essential sourcebook of information, with maps and statistical tables in each chapter.

ANN GRIFFITHS is Professor, Dalhousie College of Continuing Education, Dalhousie University.
KARL NERENBERG is former Director of Public Information and Senior Editor, Forum of Federations.

0-7735-2888-1
6 x 9 488pp 30 maps

Publicaciones disponibles en inglés

Constitutional Origins, Structure and Change in Federal Countries
Edited by John Kincaid and G. Alan Tarr

Published for the Forum of Federations and the International Association of Centers for Federal Studies (IACFS)
Global Dialogue on Federalism, Book Series, Volume 1

"This illuminating book is the written equivalent of listening to the wisdom of experience of other federal countries."
Dr. Arnold Koller, former president of Switzerland

Providing examples of diverse forms of federalism, including new and mature, developed and developing, parliamentary and presidential, and common law and civil law, the comparative studies in this volume analyse government in Australia, Belgium, Brazil, Canada, Germany, India, Mexico, Nigeria, Russia, South Africa, Switzerland and the United States. Each chapter describes the provisions of a constitution and explains the political, social, and historical factors that influenced its creation, and explores its practical application, how it has changed, and future challenges, offering valuable ideas and lessons for federal constitution-making and reform.

JOHN KINCAID is Professor of Government and Public Service and director of the Robert B. and Helen S. Meyner Center for the Study of State and Local Government at Lafayette College, Easton, Pennsylvania.
G. ALLAN TARR is director of the Center for State Constitutional Studies and chair of the Department of Political Science at Rutgers University-Camden.

0-7735-2916-0 paper
0-7735-2849-0 cloth
6 X9 480 pp 13 maps

Federaciones: lo nuevo del federalismo en el mundo

 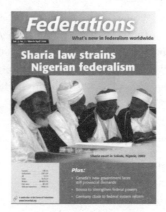

Compiladore: Rod Macdonell

Publicada tres veces al ãno

- A specialized magazine, geared toward practitioners of federalism, with stories on current events in federal countries and how these relate to their federal systems of government
- Theme-related articles that explore specific aspects of federal governance worldwide
- Each issue offers a snapshot of federalism in its current state around the world

I really enjoy reading the magazine. When I have finished reading an edition I have the sure sense that I am aware of the important events that are happening in most of the world's federations.
- Arnold Koller, former President of Switzerland

FORMATO DE PEDIDO: Envíe por fax a +1 (613) 244-3372
Favor de cargarme (seleccione uno):
❏ $25 CDN anuales en Canada; ❏ €20 en la eurozona; ❏ $25 USD. Otro lugar
A: ❏ Visa # _____   ❏ Mastercard # _____
      Fecha de expiraci: _____
Nombre: _____
Organización: _____
Dirección: _____
Ciudad/Provincia o Estado: _____
País: _____   Código Postal: _____
Teléfono: _____   Correo electrónico: _____

McGill-Queen's University Press

Favor de enviarme:

_____ Constitutional Origins, Structure, and Change ... (2916-0, Vol. 1) $_____

_____ Distribution of Powers and Responsibilities ... (2974-8, Vol. 2) $_____

_____ Legislative, Executive and Judicial Governance ...(3163-7, Vol. 3) $_____

_____ Diálogos sobre orígenes, estructura y cambio... (3313-4, Vol. 1) $_____

_____ Diálogos sobre distribución de facultades ... (3314-1, Vol. 2) $_____

_____ Diálogos sobre gobernabilidad legislativa, ...(3315-8, Vol. 3) $_____

_____ Diálogos sobre la práctica del federalismo fiscal ...(3316-5, Vol. 4)$_____

_____ Diálogos sobre las relaciones exteriores ... (3317-2, Vol. 5) $_____

Costo postal:

América del Norte: $5.00 por el primer libro, $1.50 por libro adicional.

Extranjero: $5.50 por el primer libro, $2.00 por libro adicional $_____

Subtotal $_____

Residentes de California/Estado de Nueva York favor de
agregar 8.25% por impuesto sobre ventas $_____

Residentes de Canadá favor de agregar 7% por GST
(Número de GST R132094343) $_____

Total $_____

Envíe su orden a:
Direct Sales Manager, McGill-Queen's University Press
3430 McTavish Street, Montreal, QC H3A 1X9 Canada

La orden de compra deberá estar acompañada por el pago o la información
de su tarjeta de crédito

☐ Cheque/giro postal (a nombre de McGill-Queen's University Press).

☐ VISA   ☐ MasterCard

_____

Número de tarjeta de crédito   Fecha de expiración

_____

Firma

_____

Teléfono/Correo electrónico

Enviar libro(s) a:

_____

Nombre

_____

Calle

_____

Ciudad Provincia/Estado Código postal